A Partilha da África Negra

Coleção Khronos
Dirigida por J. Guinsburg

Equipe de realização: Tradução: Joel J. da Silva; Revisão: Sinval Freitas Medina; Produção: Ricardo W. Neves e Sergio Kon.

Henri Brunschwig

A Partilha da África Negra

Título do original francês:

Le Partage de L'Afrique Noire

© Flammarion, 1971, Paris

Dados Internacionais de Catalogação na Publicação (CIP)
(Câmara Brasileira do Livro, SP, Brasil)

Brunschwing, Henri, 1904-1989.
  A partilha da África Negra / Henri Brunschwing ; [tradução
Joel J. da Silva]. – São Paulo : Perspectiva, 2015. – (Coleção
Khronos ; 6 / dirigida por J. Guinsburg)

  Título original: Le partage de l'Afrique noire
  4. reimpr. da 2. ed.
  Bibliografia.
  ISBN 978-85-273-0278-4

  1. África - Colonização 2. África - História 3. África - Política
e governo I. Guinsburg, J. II. Título. III. Série.

04-3146   CDD-967.02

Índices para catálogo sistemático:
1. África Negra : Partilha : História   967.02

2ª edição – 4ª reimpressão

[PPD]

Direitos reservados em língua portuguesa à

EDITORA PERSPECTIVA LTDA.

Av. Brigadeiro Luís Antônio, 3025
01401-000 São Paulo SP Brasil Telefax:
(11) 3885-8388
www.editoraperspectiva.com.br

2019

SUMÁRIO

SIGLAS 6

CRONOLOGIA 7

INTRODUÇÃO 13

PRIMEIRA PARTE: OS FATOS 17

    1. Os primórdios da partilha 18

    2. A engrenagem do Congo 28

    3. A Conferência de Berlim 37

    4. A África Oriental 47

    5. Os grandes tratados de partilha 57

CONCLUSÃO 71

SEGUNDA PARTE: ELEMENTOS DO DOSSIÊ E ESTADO DA QUESTÃO 75

    Documentos 76

    Problemas e questões de interpretação 107

BIBLIOGRAFIA 124

SIGLAS

A. E. MD.	— Arquivos do Ministério dos Negócios Estrangeiros, Memórias e Documentos.
A. I. A.	— Associação Internacional Africana.
A. I. C.	— Associação Internacional do Congo.
Arq. Nac. S. A. M.	— Arquivos Nacionais, Seção de Além-Mar.
D. O. A. G.	— *Deutsche Ost-Afrikanische Gesellschaft.*
I. F. A. N.	— Instituto Francês da África Negra.
J. A. H.	— *Journal of African History.*

CRONOLOGIA

I. — A rivalidade Franco-Britânica
(1763-1882)

RELAÇÕES INTERNACIONAIS

1763	Tratado de Paris.
1783	Tratado de Versalhes.
1815	Tratado de Viena.
1830	Revoluções na França e na Bélgica.
1832	Primeira crise egípcia.
1840	Segunda crise egípcia.
1848	Revoluções de 1848.
1856	Congresso de Paris.
1867	Descobrimento do diamante (Kimberley).
1869	Abertura do Canal de Suez.
1870-1871	Guerra franco-prussiana.
1872	Conclusão da primeira via férrea nos Estados Unidos.
1875	Crise franco-alemã.
1876	Conferência internacional de Geografia de Bruxelas. Fundação da A. I. A.
1878	Congresso de Berlim; a Alemanha passa ao protecionismo.
1882	Formação da Tríplice.

Intervenção na África.
Rivalidades na África.

1763	Cessão de Saint-Louis e das feitorias senegalesas à Inglaterra (à exceção de Gorée).
1765	A Gâmbia (Senegâmbia) torna-se colônia da coroa britânica.
1770	Mascarenhas, colônia da coroa francesa.

1783	O Senegal, colônia francesa.
1804	Os ingleses tomam Gorée.
1806	Os ingleses tomam o Cabo aos holandeses.
1807	A Serra Leoa torna-se colônia da Coroa.
1809	Os ingleses tomam Saint-Louis (Senegal).
1810	Os ingleses tomam Mascarenhas.
1815	A França recupera suas feitorias do Senegal e da Ilha Bourbon (Reunião). A Inglaterra conserva o Cabo, tomado aos Países Baixos e a Ilha de França (Maurícia), tomada da França.
1830	Tomada de Argel pela França. O governo britânico cede a uma companhia subvencionada as antigas feitorias da Costa do Ouro — Mac Lean governador.
1841	A França se instala em Nossy-Bé.
1843	A Inglaterra anexa a Costa do Ouro. A França anexa Mayotte e adquire a soberania sobre Grand Bassam, Assínia e o estuário do Gabão.
1845	Natal torna-se colônia britânica.
1852-1854	A Inglaterra reconhece a autonomia das Repúblicas bôeres do Transvaal e de Orange.
1854-1863	Faidherbe no Senegal.
1861	Lagos torna-se colônia da Coroa.
1862	Tratado franco-britânico sobre a integridade de Zanzibar.
1862-1868	Rivalidade franco-britânica no Daomé (Porto-Novo-Cotonu). Extensão da soberania francesa no Gabão (Cabo Lopez, Fernão Vaz).
1865-1866	Fundação dos postos de Boké, Benty, Boffa, nos Rios do Sul (Guiné).
1870-1871	A França evacua Assínia e o Grand Bassam.
1873	A Inglaterra resgata as feitorias holandesas da Costa do Ouro.
1874	Guerra achanti (Costa do Ouro).
1876	Primeiro projeto Cabo-Cairo.

1878-1879	Stanley, depois Brazza, retornam do Congo.
1879	Freycinet, Ministro das Obras Públicas, forma uma "Comissão do Transsaariano". Condomínio franco-britânico no Egito.
1880	Primeira expedição de Pastré de Sanderval ao Futa-Djalon.
1880-1898	Conquista do Sudão Ocidental pelos franceses.
1881	Massacre da segunda missão do Coronel Flatters (Transsaariano). Tratado de Bardo: Protetorado sobre a Tunísia.

II. — A Steeple-chase colonial (1878-1918)

RELAÇÕES INTERNACIONAIS

1881	Protetorado francês sobre a Tunísia (Tratado de Bardo).
1882	Tríplice (Alemanha-Áustria-Itália). Fim do condomínio anglo-francês no Egito.
1884	Tratado anglo-português sobre a embocadura do Congo (26 de fevereiro).
15 de novembro	Conferência de Berlim.
1885	Encerramento da Conferência de Berlim.
26 de fevereiro	Advento do Estado Independente do Congo.
1886	Tratado anglo-alemão sobre Zanzibar.
1887	Renovação da Tríplice e acordos secretos sobre o *status quo* no Mediterrâneo.
1888	Encíclica *In Plurimis*.
1889-1890	Conferência de Bruxelas.
1891	Aliança franco-russa.
1904	*Entente Cordiale*.
1904-1905	Guerra russo-japonesa.
1905	Primeira crise marroquina.
1906	Conferência de Algeciras.

1907	Tríplice Entente.
1911	Segunda crise marroquina (Agadir).
1914-1918	Primeira Guerra Mundial.

FRANÇA

1880	Brazza funda Franceville e conclui o Tratado de Makoko.
1882	Ratificação do Tratado de Makoko.
1883	Brazza torna-se comissário da República na África Ocidental.
1885	
05 de fevereiro	Reconhecimento do pavilhão da A. I. A. pela França.
1890	Tomada de Ségu, capital do Estado tucolor.
05 de agosto	Troca de cartas entre França e Inglaterra.
1891	Fundação do Comitê da África francesa.
1896-1905	Gallieni em Madagáscar.
1898	
18 de setembro	Fachoda.
29 de setembro	Derrota e tomada de Samori.
1900	Kusseri: derrota e morte de Rabah.
1911	Acordo franco-alemão (Marrocos-Congo).

INGLATERRA

1882	Os ingleses em Alexandria e no Cairo.
1886	Tratado de divisão com a Alemanha. Zonas de influência na África Oriental. Carta da Cia. Real do Níger.
1887	Primeira conferência imperial britânica.
1888	Emin Pacha Relief Committee.
1890	Ultimato inglês a Portugal, obrigado a evacuar a região do Shiré.
24 de maio	Acordo Mackinnon-Leopoldo II.
1.º de julho	Tratado anglo-alemão.

5 de agosto	Troca de cartas entre França e Inglaterra.
1898	
30 de agosto	Tratado anglo-alemão sobre as colônias portuguesas.
18 de setembro	Fachoda.
1899-1902	Guerra dos bôeres.
1910	Formação da União Sul-Africana.

LEOPOLDO II

1879	Stanley na embocadura do Congo.
1884	
24 de abril	Reconhecimento do pavilhão da A. I. A. pelos Estados Unidos.
16 de outubro	Reconhecimento do pavilhão da A. I. A. pela Alemanha.
16 de dezembro	Reconhecimento do pavilhão da A. I. A. pela Inglaterra.
1885	
05 de fevereiro	Reconhecimento do pavilhão da A. I. A. pela França.
26 de fevereiro	Advento do Estado Independente do Congo.
1890	
fevereiro	Acordo Leopoldo-Mackinnon.
1908	Cessão do Estado Independente à Bélgica.

ALEMANHA

1884	
17 de abril	Missão Nachtigal às costas da África Ocidental (17 de abril).
22 de abril	Convocação da conferência de Berlim aceita por Jules Ferry.
24 de abril	Telegrama de Bismarck firmando a proteção do Reich sobre a criação de Lüderitz.
16 de outubro	A Alemanha reconhece o pavilhão da A. I. A.

11

12 de novembro a 17 de dezembro	Expedição de Carl Peters ao Usagara.
16 de dezembro	A Inglaterra reconhece o pavilhão da A. I. A.
1885	
27 de fevereiro	Protetorado alemão sobre o Usagara.
11 de agosto	Ultimato a Zanzibar.
1886	Tratado de divisão com a Inglaterra. Zonas de influência na África Oriental.
1888	Revolta de Buschiri.
1890	
fevereiro	Expedição de Peters para chegar até o Emin Pacha.
1.º de julho	Tratado germano-britânico.
1891	Liga pangermânica.
1898	
30 de agosto	Tratado anglo-alemão sobre as colônias portuguesas.
1911	Acordo franco-alemão (Marrocos-Congo).
1914-1918	A Alemanha perde suas colônias.

INTRODUÇÃO

A partilha de um país ocorre quando várias potências estrangeiras se põem de acordo para colocá-lo, inteira ou parcialmente, sob sua soberania. Isso supõe, portanto, rivalidades e negociações entre os partilhantes e incapacidade de resistir por parte do dividido. Lembramos, por exemplo, as partilhas da Polônia no século XVIII ou o acordo de 23 de agosto de 1939, pelo qual Hitler e Stálin dispuseram da Polônia, dos Estados Bálticos e da Finlândia. Semelhantes condições foram apenas tardiamente repetidas na África negra. Até o fim do século XVIII, para bem dizer, os europeus que freqüentaram suas costas, representaram antes interesses privados que dos Estados. Seus navios encontraram nas escalas que balizavam essas costas o abastecimento necessário e os escravos que os chefes lhes conseguiam em troca das mercadorias que desejavam. Os estrangeiros realizavam suas transações à pressa, e fugiam, logo que possível, do calor seco ou úmido e das febres de regiões consideradas como "o túmulo dos homens brancos". No fim do século XVIII, só havia soberania estrangeira em alguns pontos da costa de Angola e de Moçambique, sob dominação portuguesa, na Gâmbia britânica e no Senegal francês.

A situação evoluiu lentamente no decorrer dos

dois primeiros quartéis do século XIX. O escravo foi progressivamente substituído pelo óleo de palmeira e por diversos produtos de menor importância, como o marfim, o ouro, ou penas de avestruz. Sob a influência dos humanitaristas, dos missionários ou dos comerciantes, os ingleses foram conduzidos a criar as "colônias da Coroa" em Serra Leoa (1807), na Costa do Ouro (1830-1874) e em Lagos (1861). Eles se apoderaram igualmente da colônia do Cabo, que os holandeses cederam em 1815. Esta era uma preciosa escala no caminho das Índias. Cerca de trinta mil colonos bôeres aí viviam com igual número de escravos negros importados e uns vinte mil hotentotes mais ou menos reduzidos à condição de servos. Os ingleses contribuíram para reforçar o grupo branco enviando, em 1817, quatro mil colonos para formar uma marcha contra os cafres, nômades imigrados do Leste, em constantes desavenças com os bôeres. Eles se instalaram também em Natal no ano de 1845.

Houve rivalidade somente com a França. Esta não tinha nenhuma razão de se apaixonar pela África. Mas os marinheiros, principalmente, ficaram desgostosos por terem que ceder o único bom ancoradouro do Oceano Índico, a ilha de França, que os ingleses rebatizaram com o antigo nome holandês de ilha Maurícia. Os franceses buscaram compensações, inicialmente disputando com os missionários ingleses os favores dos hovas do planalto malgaxe, depois se estabelecendo em Nossy-Bé, nas Comores, na costa Sakalave, elaborando ao mesmo tempo um projeto de conquista da ilha a partir da baía de Diego-Suarez. O governo recusou apoiá-los em 1843. Aceitou, entretanto, quando os marinheiros desconfiaram que os ingleses queriam se apoderar de toda costa do Golfo da Guiné, fundar três pequenas colônias no estuário do Gabão, assim como no Grand Bassam e em Assínia, na Costa do Marfim. Os ingleses não reagiram nunca e também não se inquietaram com a extensão, sob o segundo império, do Gabão até a embocadura do Ogué, ou com a ocupação temporária do Cotonu (Daomé). Tudo isso revelava uma elevada preocupação do prestígio nacional nos círculos coloniais franceses, mas não correspondia a nenhum interesse econômico ou cultural.

14

Por volta de 1870, os franceses pouco haviam contribuído para a imensa obra de exploração do continente; essa prosseguira sob a égide dos ingleses, principalmente. Eles tinham descoberto, longe das costas e além do cinturão florestal, difícil de penetrar, Estados islamizados e organizados, que, do anel do Nilo ao Tchad concorriam e comerciavam entre si. Eles exploraram as correntes do Níger e do Zambeze e se lançaram à procura das fontes do Nílo. Sabiam que além das regiões baixas e insalubres, altos planaltos e montanhas, pouco povoados, poderiam ser favoráveis ao estabelecimento dos brancos, obrigados a deixar a Europa em face das dificuldades de sobrevivência. Se a curiosidade científica e a paixão humanitária foram, na origem, os principais motivos das explorações, logo tomou-se consciência das ricas possibilidades que o futuro reservava ao comércio, às plantações e às especulações industriais no continente africano. A questão estava em penetrar nele facilmente e manter-se nas posições ocupadas.

Os diplomatas, entretanto, não estimulavam tais procedimentos. Formavam, na Europa, uma sociedade bem civilizada, de homens atentos, após seus anos de universidade, ao equilíbrio das grandes potências, vigiando aquela que buscasse exercer preponderância. A partida era disputada no seio de uma combinação limitada, até 1871, à Inglaterra, à França, à Áustria-Hungria, à Prússia e à Rússia. Não obstante a oposição em diversos pontos do globo (os franceses se impacientavam com o domínio dos mares adquirido pela Inglaterra), as duas potências·liberais se esforçaram, na maior parte do tempo, para afinar seus violinos diante dos três autocratas. As grandes questões sobre as quais todos os candidatos à diplomacia fizeram suas provas foram a unidade italiana, a unidade alemã e os negócios do Oriente.

A questão do Oriente era a mais difícil e se complicou ainda mais quando a Itália e a Alemanha se unificaram. Ela abrangeu então uma rivalidade austro-russa em torno dos povos balcânicos progressivamente libertos sob a égide de um ou de outro desses impérios; uma rivalidade anglo-russa, quando Constantinopla e os estreitos, quer dizer, as vias de acesso às Índias correram o risco de passar para a influência dos cza-

15

res; uma rivalidade franco-inglesa quando o Egito, outra via de acesso, inclinou-se para uma aliança com a França. A África branca, inclusive o Magreb, após a instalação da França na Argélia em 1830, entrava, portanto, com o Mediterrâneo e o Oriente Médio, na órbita das preocupações cotidianas dos diplomatas. O resto do mundo estava marginalizado. Os Estados Unidos formavam uma pequena potência que absorvia a maior parte da emigração européia. A China e o Japão apenas começavam a se abrir para a Europa. Espanha e Portugal eram instáveis e mergulhados em dificuldades financeiras. A África negra não interessava aos diplomatas. Eles não se constrangiam por ignorar sua geografia. Deixavam-na de bom grado aos Ministros da Marinha ou das Colônias, e até à iniciativa das autoridades locais, do Cabo, de Bourbon (Reunião), do Senegal e de Serra Leoa. Os tratados feitos por oficiais de marinha que colocavam chefes negros sob a soberania francesa não eram, como os outros atos diplomáticos, submetidos às Câmaras. Um simples decreto bastava para confirmá-los. O Quai d'Orsay apoiava tal prática contanto que essa expansão não criasse nenhuma dificuldade com uma outra potência. Até cerca de 1860, não ocorreria ao espírito de nenhum Ministro do Exterior provocar um conflito com a Inglaterra por causa de um pedaço da África negra. Havia na África, por conseguinte, uma espécie de teatro de operações secundárias em que o Ministro da Marinha e as autoridades coloniais desempenhavam os primeiros papéis. Mas seus programas, seus gestos e atos eram submetidos ao controle e à censura dos diplomatas, freqüentemente ignorantes e sempre desdenhosos: não se falava da África negra no concerto das grandes potências.

PRIMEIRA PARTE:

OS FATOS

Capítulo I

Os primórdios da partilha

A situação mudou no decorrer do decênio de 1870 a 1880, e as condições para a partilha foram então reunidas. Isso começou por uma nova valorização da África negra, que atraiu o interesse de círculos mais extensos que os dos humanitaristas, dos sábios e dos comerciantes britânicos. O descobrimento casual do diamante no Transvaal em 1867, depois o do ouro no Rand em 1881 e do cobre na Rodésia, colocaram a África entre os continentes onde, como na Austrália e na América, emigrantes de espírito aventureiro, podiam realizar fortunas fabulosas. Citava-se o caso de Barnett Isaacs, pequeno mascate, ou, quando as circunstâncias o exigiam, acrobata ambulante, que se tornou um dos magnatas do diamante e o principal associado de Cecil Rhodes, cuja carreira política se desenvolveu quando fundiu na De Beers as principais companhias mineiras. A onda de emigrantes que rebentou sobre os camponeses bôeres, constituindo da noite para o dia as cidades de Kimberley ou de Joanesburgo, a sucessão de descobertas de minérios, despertaram as velhas lendas sobre a presença do ouro em outras regiões. Os portugueses o haviam inutilmente procurado em Benguela, os franceses e os ingleses sabiam que ele existia no Sudão — não afirmavam as crônicas antigas que Tombuctu aí estava enterrada? —

18

os viajantes exaltavam tesouros ocultos nas montanhas da Abissínia. Os exploradores aliás manifestavam a curiosa tendência de pintar com vivas cores as regiões que haviam percorrido, e os geógrafos acreditavam neles. Países tão pobres como Bahr-el-Ghazal, por exemplo, foram descritos, por sábios também renomados como um Eliseu Reclus, em sua *Géographie universelle* (t. V, 1885) como "de uma rara fertilidade... Cinqüenta milhões de habitantes viveriam comodamente nessa região[1].

O Futa-Djalon excitava o apetite de candidatos a uma colonização rural, e viu-se um pequeno representante do comércio bordelês, Pierre Caquereau, lançar em 1882 uma subscrição pública para fundar sob a égide de uma "Sociedade Cooperativa, Científica, Industrial, Hospitaleira e Maternal da África Central e Ocidental" uma colônia francesa nas proximidades de Timbo (Futa-Djalon). Ele foi protegido pelo Coronel Borgnis-Desbordes, pelo Governador do Senegal, Talon, e mesmo por Victor Hugo[2]. O digno Paul Leroy-Beaulieu escrevia ainda em 1904 que o Saara "alimentaria uma dezena, se não mesmo duas dezenas de milhões de homens"[3].

Essas descobertas e esse interesse coincidiram com realizações técnicas que pareciam mostrar a inexistência de barreiras ao acesso e à valorização dos países novos. A fé sansimoniana e o cientificismo ganharam as elites ocidentais. Em 1869, Ferdinand de Lesseps, durante uma dezena de anos "o grande francês", o homem mais condecorado do mundo, um dos benfeitores da humanidade, inaugurara o Canal de Suez diante de uma platéia de reis. Ele não era engenheiro, não havia tomado parte em negociações diplomáticas, não se havia fechado num grupo financeiro. Sua *Companhia Universal do Canal de Suez* era dirigida aos pequenos subscritores do mundo inteiro, o canal que aproximava três continentes era neutro, e todos os países aproveitaram-se da aceleração do comércio internacional.

(1) STENGERS, Jean. *Une facette de la question du Haut Nil: le mirage soudanais.* J. A. H., t. X, 1969. pp 599-622.

(2) Arq. Nac. S. A. M.: Missões 17.

(3) LEROY BEAULIEU, Paul. *Le Sahara, le Soudan et les chemins de fer transsahariens.* Paris, 1904, 8.º, prefácio.

No mesmo ano, os americanos começaram a construção do primeiro caminho de ferro transcontinental; a *Union Corporation,* que aproximou Nova York de São Francisco, foi concluída em 1872, e selou-se com placas e cavilhas de ouro maciço as linhas colocadas pelas duas equipes de trabalhadores que se encontraram. Avançando através dos desertos e das Montanhas Rochosas, haviam lançado, nas lendas e no romance de aventuras, o Far West[4].

Os técnicos, desde então, entraram em jogo, multiplicando os projetos hidráulicos ou ferroviários. O Capitão Roudaire quis, em 1874, criar um vasto mar interior lançando, por um canal, as águas do Golfo de Gabés sobre as terras salgadas do Sul tunisino, cujo fundo estava em nível inferior ao do Mediterrâneo. O deserto teria, com isso, sido fertilizado. Outros, mais tarde, sonharam com canais entre o porto de Sagallo e o Lago Aussa, para facilitar a penetração para o rico Choa, no coração da Abissínia, ou entre Chari e o Ubangui, para unir o Sudão tchadiano à Bacia do Congo[5].

O governo francês levou muito a sério os projetos do engenheiro de pontes e estradas de Gard, Adolphe Duponchel, propondo a construção, entre a Argélia e o anel do Níger, de uma estrada de ferro em direção ao rico Sudão, que ele chamava de "futuras Índias francesas". Uma comissão do transsaariano foi instituída em 1879 no Ministério dos Trabalhos Públicos. Três grandes missões exploraram o extenso deserto; a última, comandada pelo Coronel Flatters foi massacrada pelos tuaregues em 1881. Os projetos, entretanto, se multiplicaram; um engenheiro, Amédée Sébillot, idealizou, em 1893, um Transafricano; de Argel ao Ighargar no Saara; daí, uma primeira bifurcação chegaria a Obock, depois ao Tchad, de onde uma segunda bifurcação levaria a Uiddah e finalmente a Joanesburgo, onde a linha juntar-se-ia à estrada de ferro do Cabo. Os dois milhões necessários seriam reunidos por subscrição internacional. À velocidade de 100 km/h sobre uma via de 2m de largura, no conforto de vagões-leitos ou de

(4) ROUSSEAU, Pierre. *Histoire des Techniques et des Inventions.* Nova edição, Paris, 1967. p. 267.

(5) MURPHY, Agnes. *The Ideology of French Imperialism 1871-1881.* Washington. 1948, 8.º.

salões, com a segurança mantida por fortes móveis —
vagões blindados e armados — os viajantes prefeririam
servir-se das linhas férreas entre Bombaim e Londres,
ou entre Paris e Uiddah, ou na América do Sul. O
ganho de tempo seria sempre superior a 50%. E con-
tava-se com 250 000 emigrantes por ano para as novas
terras abertas à colonização[6]. Menos ambicioso, Leroy-Beaulieu pensava, em 1904, na necessidade de realizar uma linha para o Sudão nigeriano, outra para o
Sudão tchadiano; eram estas duas linhas que o Comandante Roumens tinha em vista em 1914[7]. Projetos
do transsaariano reapareceram diante da Câmara ou
diante do Senado até 1941. Os ingleses, por outro lado,
elaboraram em 1876, um projeto de estrada de ferro
do Cabo ao Cairo[8].

Para explorar minas, construir vias férreas ou barragens, criar plantações em países novos e em sua maioria inexplorados, tornava-se necessário chegar até eles
e neles permanecer. Entre os capitais, simples fundos
de giro das firmas comerciais, e os investimentos exi-
gidos por esses trabalhos de infra-estrutura, havia uma
diferença fundamental. A técnica moderna permitia aos
brancos penetrar na África e aí se manter. Cabia à
política assegurar-lhes o controle desses territórios e
de assumir os custos de sua aquisição.

A maioria dos governos europeus não estava entretanto disposta a engajar-se em custosas expedições
de conquista. Os governos procuraram evitar tais operações, agindo por diversos meios que os levassem a
entendimentos para delimitar as esferas de influência
concedidas a cada um e para cedê-las, depois, aos interessados, deixando para esses a realização dos indispensáveis investimentos. Este foi o início da colonização moderna, oposto às operações de conquista e de
prestígio da colonização tradicional. O meio mais utilizado foi o das companhias concessionárias.

A teoria da colonização moderna foi particular e

---

(6) SÉBILLOT, Amédée. *Le transafricain, les grandes lignes com-
merciales de la Méditerranée au golfe de Guinée et à l'océan Indien.*
Paris, 1893. 8.º.

(7 ROUMENS, Comandante. *L'impérialisme français et les chemins
de fer transafricains.* Paris, 1914. 16.º.

(8) LANGER, W. L. *The Diplomacy of Imperialism.* 2. ed., New
York, 1950. 8.º, p. 117. WEINTHAL, L. (EJ). *The Story of the Cape
to Cairo Railway from 1887 to 1922.* Londres, 1922. 2 v. 8.º.

paradoxalmente desenvolvida na França. Paradoxalmente porque a população, relativamente estacionária, não emigrava, e porque a industrialização, relativamente lenta, não sofria a falta de empregos ou de matérias-primas.

A doutrina foi elaborada por Paul Leroy-Beaulieu, genro do partidário da liberdade do comércio Michel Chevalier, num volumoso livro cuja primeira edição publicou em 1874, aos 31 anos de idade. *De la colonisation chez les peuples modernes* propunha uma forma de ação muito diferente daquela dos marinheiros e dos militares sedentos de prestígio, ou dos armadores preocupados com a rentabilidade imediata das operações costeiras. Uma colonização adaptada à França cuja população não emigrava, à República, respeitosa do direito dos povos de dispor de si próprios, e hostil à conquista militar; uma colonização baseada em quadros de pessoal e em capitais, em técnicos que ensinariam aos habitantes do país os processos modernos de aproveitamento da terra, construiriam estradas, vias férreas, barragens, introduziriam culturas novas e a pecuária racional. A fome desapareceria, as doenças recuariam. As populações, progressivamente instruídas, se organizariam, gozariam de uma autonomia interna semelhante à dos domínios britânicos, teriam seus governos, suas alfândegas, seus exércitos, e contribuiriam para o prestígio da França, à qual estariam associadas e representariam no estrangeiro. Essas idéias, que resultavam de um laborioso estudo de todos os sitemas coloniais passados, foram desenvolvidas particularmente pelos altos funcionários franceses da Indochina, por Jean de Lanessan, em *L'Expansion coloniale de la France* (1886) e *Principes de colonisation* (1897), por Jules Harmand em *Domination et colonisation* (1910), e foram aplicadas por Gallieni em Madagáscar e por Lyautey no Marrocos. Elas foram refletidas pela nova geração dos exploradores da África. Aimé Oliver de Sanderval oferecia, em 1881, ao almani de Timbo, no Futa-Djalon, um trem em miniatura para que ele compreendesse o que seria a linha que ligaria as fontes do Nilo à costa da Guiné, e manifestava sua irritação, em 1888, contra os funcionários da colonização tradicional que entravavam a iniciativa privada. "O alfandegário, o cobrador de impostos, o subadministrador devem, diz-se, preceder ao colono, e de fato, eles o precedem e ninguém os segue...[9]." Binger, em 1892, concluía um relatório de sua viagem "do Níger ao golfo da Guiné" preconizando a atribuição da Costa do Marfim às companhias privadas, mais eficientes que as repartições. Estava aí uma doutrina de aspectos múltiplos, mas sempre atrativos pela sua modernidade prospectiva e civil, que a distinguia da longa e brutal conquista da Argélia ou das impopulares e longínquas expedições do segundo império.

Isso repousava também, lamentavelmente, na ignorância total das estruturas sociais e mentais dos aborígines, cuja colaboração era tida como certa, na ingênua convicção de que a única civilização era a do Ocidente, e que as "raças inferiores" não podiam senão aspirar a elevar-se para gozar de seus benefícios. E isso supunha que em França industriais e banqueiros estavam preparados para fornecer os meios necessários.

Idéias semelhantes se espalharam pela Inglaterra e pelo resto da Europa, com a diferença de que a experiência econômica dos ingleses ou a habilidade financeira de Leopoldo II lhes dava mais realidade. O comércio do óleo de palmeira havia prosperado tanto que incitava a criação de plantações. As minas do Transvaal forneciam no próprio lugar da exploração capitais ou garantias sólidas sem que fosse necessário fazer apelo ao Estado. A exploração racional da Insulíndia pelos holandeses, servia de exemplo e inspiração sem que a sorte reservada aos aborígenes, que estavam longe de ser totalmente considerados como colaboradores, constituísse motivo para inquietações.

Essas idéias que, sob formas diversas e com variantes, dominaram todo o período imperialista, foram, em França, reforçadas pelo desastre de 1871. A vergonha, a indignação, o remorso pelo abandono dos irmãos alsacianos e lorenos invadiram todos os espíritos. Nunca talvez esse patriotismo consumado, mais profundo e mais autêntico que as brigas políticas e religiosas, que as condições econômicas ou as luta de classe, tinha sido tão unânime. Todos os franceses detestavam os alemães. Todos desejavam compensar a

---

(9) SANDERVAL, Olivier de. *Soudan français*, Kahel. *Carnet de voyage*. Paris, 1893, 8.º, p. 317.

derrota, provar ao mundo que a França, segundo a resposta de Gambetta à missiva de Jules Ferry que anunciava o protetorado sobre a Tunísia, "retomava seu lugar de grande potência". Ela não podia readquiri-lo na Europa. Por isso, a opinião pública, que jamais fora sensível às expedições coloniais, que preferia talvez a colonização moderna à conquista militar tradicional, mesmo que esta provasse, após a derrota de 1871, que o exército francês ainda era capaz de vitórias, aprovou a extensão da soberania nacional sobre vastas regiões do globo.

Os militares tomaram a iniciativa neste sentido. Solidamente instalados no Senegal, eles se inspiraram, às vezes, nas idéias novas. Os projetos dos técnicos precederam a conquista do Sudão[10]. Mas eles desconfiavam dos recém-chegados, cuja atividade perturbadora atrapalhava seus planos e cuja pretensão de dar novas províncias à França sem terem recebido incumbência para tanto tornava-os incômodos. Brière de Lisle, Governador do Senegal, repatriou em 1881 Paul Soleillet, idealizador do transsaariano, a quem havia inicialmente confiado uma missão junto do sultão tucolor de Ségu. O Comandante superior do Alto Senegal, Boilève, indignou-se, em 1884, com o Dr. Colin, enviado pelo ministro para pesquisar recursos minerais no Buré (Sudão) e concluir acordos comerciais, por ter ele firmado com os chefes do Tambaura e do Diebedugu (entre o Falémé e o Bafing), tratados de protetorado[11]. A África Ocidental, de fato, continuou a ser domínio dos militares, e foi numa região onde eles não estavam instalados, o Congo, que os civis puderam tentar a experiência da colonização moderna.

A divisão começou pela rivalidade entre os governadores do Senegal e de Serra Leoa. Faidherbe interessava-se pelos "Rios do Sul" na costa da Guiné, de onde se podia ganhar o Futa-Djalon e as fontes do Níger e de seu afluente, o Tinkisso. Seu predecessor, Pinet Laprade, havia fundado na costa os três postos franceses de Boké, Boffa e Benty. O conflito começou perto de Benty, no estuário do Mellacorée, onde o chefe

(10) BRUNSCHWIG, Henri. Note sur les technocrates de l'impérialisme français en Afrique noire. *Revue française d'Histoire d'outremer*, 1967. t LIV, pp. 171-187.

(11) Arq. Dakar 1 G. 65, e Arq. nac. S. A., Missões 2.

local, Bokhary, negociava alternadamente com os dois rivais. Brière mandou ocupar, em março de 1877, a ilha de Matacong, onde Rowe queria instalar um posto alfandegário. Entretanto, os dois Ministros dos Negócios Estrangeiros, Waddington e Salisbury, que haviam colaborado no Congresso de Berlim em 1878, e organizavam juntos o condomínio financeiro no Egito, concordaram numa divisão amigável. Brière foi obrigado a evacuar Matacong. Uma comissão mista foi nomeada em 1881 para traçar a fronteira norte da Serra Leoa e os dois governadores foram chamados[12]: os Rios do Sul não valiam o sacrifício da colaboração diplomática franco-britânica. Brière, entretanto, embargado na Guiné, orientou-se em direção do segundo caminho indicado por Faidherbe. Utilizou Soleillet para reatar as relações com Ségu, hesitando entre uma política de aliança com o Sultão Ahmadu ou de proteção às populações bambara subjugadas por El Hadj Omar, pai de Ahmadu, entre o Senegal e o Níger, e impacientes para livrar-se do jugo tucolor.

Não insistiremos na minúcia das operações que permitiram aos militares franceses apossar-se do Sudão Ocidental entre 1880 e 1898. Os Comandantes superiores, Borgnis-Desbordes, Boilève, Combes, Frey, Gallieni, Archinard, Humbert, utilizaram as rivalidades entre africanos. Ahmadu estava exposto não somente às revoltas de seus oficiais e de seus súditos, mas também à tentativa do profeta Mamadu Lamine, que tentou criar um Estado sarakollé na Senegâmbia (1884-1887), e principalmente à de um jovem mercador malinké islamizado de nome Samory. Este, após ter-se apoderado de Kankan desde 1879 soube criar e organizar um grande império, que evocava o Mali da Idade Média. Mas quando os franceses se apoderaram de Ségu, em 1890, suas campanhas anuais foram essencialmente dirigidas contra Samory, que sucumbiu em 1898.

No decorrer desses vinte anos, os militares do Sudão impuseram sua política de conquista tão bem aos africanos quanto ao governo francês, que teria preferido uma penetração pacífica. Eles não hesitaram em empreender operações, não obstante as instruções que as interditavam. Borgnis-Desbordes, por exemplo, apo-

(12) Hargreaves, *op cit.*, p. 214 S.

25

derou-se de surpresa, em dezembro de 1882, de Mur-
gula, cujo Emir Abdallah era amigo da França, e que
o Ministro da Marinha, Jauréguiberry, havia explicitamente ordenado poupar. Archinard, do mesmo modo,
em 1889, tomou Kundian, apesar do tratado de protetorado, assinado no ano precedente por Gallieni e
por Aguibu de Dinguiraye, que reconhecia a soberania
desse último; mas o Tenente-Coronel Archinard tinha
necessidade de um sucesso para inscrever-se no quadro
de promoções. Os militares, superiormente armados,
praticavam entretanto os métodos africanos: coluna
anual de soldados, seguidos de rebanhos, de mulheres
e de escravos recrutados entre os prisioneiros, que eram
divididos e revendidos pelos milicianos. Eles viveram
em parte dos recursos da região, causando prejuízos
aos camponeses negros, constantemente pilhados por
um ou por outro exército.

Como não havia rival europeu na região, a conquista não inquietou aos diplomatas do Quai d'Orsay,
e pôde prosseguir, enquanto o Congo e a África Central levavam as chancelarias a combates.

O Parlamento, que votava cada ano o orçamento
das colônias, não deixou de criticar a megalomania dos
militares do Sudão. Mas, muitas vezes, colocado —
como o ministério — diante do fato consumado, mal
informado e, em última análise, em sua maior parte
pouco apaixonado pela África negra, passava à ordem
do dia[13]. É importante lembrar que de numerosas interpelações que revelaram abusos escandalosos, nenhuma, com exceção da crise tunisina de 1881 e do caso
Lang-son em 1884, colocou o governo em perigo. Os
deputados votavam realmente na questão de política
interior do momento, no bulangismo, no caso Dreyfus,
na separação da Igreja e do Estado, e não sobre a
política africana. Sabiam como votariam antes do início
da sessão. Mesmo aqueles que permaneceram sempre
hostis à expansão colonial, como Camille Pelletan, por
exemplo, até o dia em que se tornou Ministro da Marinha (1902-1905), só manifestaram sua opinião oca-
sionalmente. Eles não prosseguiam suas atividades
anticoloniais após a sessão: retornavam às preocupa-

(13) FORSTNER, A. S. Kenya. *The conquest of the Western Sudan.*
A study in French military Imperialism. Cambridge, 1969. 8.º.

ções principais, às paixões anticlericais ou ao nacionalismo antigermânico. Tanto isso é verdade que o império francês na África negra foi conquistado ou adquirido, não em meio a hostilidade e sim em meio à indiferença da maior parte da opinião pública.

Capítulo II

A Engrenagem do Congo

O descobrimento do Congo atraiu, repentinamente, a cobiça dos europeus.

Nada mais inesperado, pois nenhum governo, por volta de 1870, se preocupava com essa bacia de difícil acesso. Os navios não subiam além do estuário, por causa de numerosas corredeiras que enchiam o rio. As tribos costeiras relacionadas com as feitorias instaladas no estuário ou nos bordos do Atlântico, tanto em Angola quanto em Cabinda ou em Landana, defendiam seus monopólios e se opunham à penetração dos brancos. Por várias vezes, exploradores como o Marquês de Compiègne, o naturalista Marche, o geógrafo Lenz, foram por isso detidos no Ogué. Esse comércio, aliás, não tinha nada de particularmente atraente: marfim, óleo, um pouco de borracha.

Os sábios europeus se interessavam, como Livingstone, pelas nascentes do Nilo. O grande explorador, médico e missionário, que permanecia há vários anos na região dos grandes lagos, acreditava tê-los encontrado num rio que corria do sul para o norte, a leste do Lago Tanganica, e que os aborígines chamavam Lualaba. Cameron, enviado em busca de notícias em 1873, soube, em Tabora, da morte de Livingstone, cujo cadáver ainda chegou a ver, e prosseguiu sua viagem contornando a bacia pelo sul. O problema de Luabala

28

continuava intocado; e os dois periódicos, o *Daily Telegraph* de Londres e o *New York Herald,* que reuniram fundos para encarregar o melhor repórter da época, Henry Morton Stanley, de resolvê-lo, não pensavam certamente em aventurar-se na política. Stanley, muito bem equipado, organizou sua expedição em Zanzibar, de onde partiu em 1874. Ele percorreu o rio no decorrer de um périplo memorável de três anos *Através da África misteriosa,* e chegou em agosto de 1877 a Boma. Ficavam conhecidos, desde então, a África Central, facilmente acessível pelo leste, o Congo, navegável entre *Stanley Falls* e as correntes a jusante do *Stanley Pool,* e populações diversas, por vezes expostas ao apresamento de escravos. Nada incitava especialmente o estabelecimento de colonos nessas regiões.

Um jovem oficial francês, Tenente de Marinha, Pierre de Brazza-Savorgnan, que fora admitido no Borda como estrangeiro, e cuja naturalização devia ocorrer após sua maioridade, solicitou por essa época, uma missão de exploração no Ogué. Os órgãos da Marinha não tinham nenhuma razão de se interessar por isso. Pensavam antes em evacuar o Gabão, pouco rentável e desprovido de valor estratégico. Mas o Ministro da Marinha, Almirante de Montaignac, era um amigo dos Brazza. Ele impôs seu protegido, que partiu em agosto de 1875 com dois companheiros brancos, o Dr. Ballay e o quartel-mestre Hamon, com crédito de 10 000 francos previsto para uma exploração de seis meses. Ficou três anos ausente, só voltando a Bordéus em janeiro de 1879, após ter gasto 40 000 francos, dos quais mais da metade tirados de sua fortuna pessoal. Ele conseguira, sem violência, tranqüilizar as tribos mercadoras do Ogué, percorrera o planalto batké entre as fontes do Ogué e um rio que corria para o sul, e que os esboços de Stanley permitiram identificar como o Alima, afluente do Congo, a montante da corrente do Pool. Havia, portanto, uma via de acesso relativamente fácil do Atlântico ao Pool, a partir do qual a imensa bacia era navegável. E esta via abria o rico e variado interior do Gabão, onde o explorador constatara a existência de um comércio de marfim, de mandioca e de peixe defumado; e, num futuro longínquo, poder-se-ia pensar em plantações, ou mesmo na exploração de minas de cobre, se as pulseiras e os colares dos negros não eram importados; havia importantes resultados científicos que permitiram aos franceses pôr finalmente em atividade um brilhante explorador de classe internacional; mas nada que levasse a uma custosa ação política para a posse de territórios que nenhum rival reivindicava.

E para resguardar-se disso, Leopoldo II introduziu a política no Congo. Ele era um homem de negócios, hábil em administrar sua enorme fortuna pessoal. Apaixonado pela Geografia, mantinha-se a par das explorações em todos os continentes. Relacionado com personalidades dos meios filantrópicos, comerciais e científicos do mundo, partilhava das convicções dos representantes da colonização moderna e duvidava do futuro do livre-cambismo a que os belgas estavam vinculados. Ele pensava em utilizar sua fortuna na valorização em um país novo, e, após diversas tentativas nas Filipinas e no Transvaal, fixou sua escolha na África Central, que Cameron havia atravessado.

Em setembro de 1876, na linha da ideologia humanitária, o mecenas reuniu em seu palácio de Bruxelas uma conferência internacional de Geografia. O objetivo era "abrir à civilização a única parte de nosso globo em que ela não havia ainda penetrado... conferenciar para acertar o passo, combinar os esforços, tirar partido de todos os recursos, de evitar a duplicação de trabalhos.

Os exploradores presentes e os representantes das grandes sociedades geográficas dos vários países concordaram em fundar uma *Associação Internacional Africana*. Comitês nacionais reuniriam fundos para criar, a partir de bases de operação situadas na costa de Zanzibar ou perto da embocadura do Congo, postos hospitalares, científicos e pacificadores, visando a abolir a escravatura e estabelecer a concórdia entre os chefes. Cada comitê nacional indicaria dois membros junto a uma comissão internacional que prepararia o conjunto e que designaria cada ano três ou quatro membros de um comitê executivo para dirigir os trabalhos e gerir os fundos comuns. O presidente, função que Leopoldo aceitou modestamente por um ano, seria assistido por um secretário-geral, que foi inicialmente o Barão Greindl, depois o Coronel Strauch. A comissão internacional, a qual dezoito comitês nacionais foram apresentados em 1877, escolheu no decorrer dessa sessão

30

a bandeira da associação, uma estrela de ouro sobre fundo azul.

Entrementes Stanley, depois Brazza, voltaram à Europa, e Leopoldo propôs-lhes colaborar na obra. Brazza, temendo que o interior do Gabão fosse perdido pela França, recusou. Stanley aceitou, sem muito se inquietar de ver o Rei fundar, então, uma segunda associação internacional, o *Comitê de Estudos do Alto Congo,* cujos subscritores tinham em vista além do fim filantrópico, uma prospecção comercial. Este comitê foi, na realidade, dominado pelo Rei, que forneceu a maior parte dos capitais e enviou instruções a Stanley. Este, que fora recrutar seus milicianos em Zanzibar, recebeu-as quando passou por Gibraltar em setembro de 1879. Recomendavam-lhe a criação de três estações politicamente independentes, ou a formação de Estados negros sob a suserania do comitê: "Quando as três estações forem fundadas, haverá meios de constituí-las num Estado livre, ao qual virão se juntar as estações a serem fundadas mais tarde além dos limites do Congo.

A constituição de um Estado livre é necessária para dar legalidade à empresa... Um Estado livre, especialmente se for modesto em sua origem, não suscitará o ciúme de nenhum país... Fundado com recursos do Comitê do Congo, esse Estado solicitará, naturalmente, que o comitê designe suas leis, seu chefe, seu delegado na África e permitirá, desse modo, ao Comitê, assegurar a prosperidade e o desenvolvimento de sua obra. Os estatutos do Comitê declaram que ele deseja fundar duas sociedades, uma de transporte e outra de comércio...

"O Rei, como particular, deseja somente possuir propriedades na África. A Bélgica não quer nem colônias nem territórios. Cumpre portanto que Stanley compre ou obtenha territórios, atraia para aí habitantes e proclame a independência dessas aglomerações sob a discrição do bom consentimento do comitê[1]."

Isso não significava o estabelecimento de uma soberania estrangeira, visto que o Rei não agia enquanto chefe do Estado belga. Tal procedimento criava na África um Estado africano novo, cujo chefe seria o Comitê,

(1) ROEYKENS, A. *Les débuts de l'œuvre africaine de Léopold II 1876-1879.* Bruxelas, 1954. p. 397.

quer dizer, Leopoldo. A invocação, na mesma nota, do exemplo de James Brooke, simples cidadão inglês que se tornou soberano do Srawak, em Bornéu, exprime claramente o sonho de Leopoldo: reunir ao título de Rei dos belgas o de soberano de um Estado negro.

O obstáculo a temer seria que Brazza e o Dr. Balloy (o fim do texto citado previa o retorno dos mesmos à África) agissem oficialmente em nome de uma grande potência e anexassem o Congo à França, como os ingleses haviam feito com o Transvaal no momento em que Leopoldo negociava um acordo em 1877.

De fato, Brazza não tardou em obter do Comitê francês do A. I. A. os recursos indispensáveis para retornar à África. Ele não escondeu suas intenções nem a Lesseps, presidente do Comitê, nem aos membros da sociedade de Geografia chamados a defender seu projeto. Encarregado de instalar um posto hospitalar, científico e pacificador no alto Ogué, escolheu como local, em março de 1880, Franceville, no Passa, depois, por sua própria iniciativa, pois não recebera instruções para tanto, prosseguiu viagem para o Pool e firmou, em 10 de setembro, com Makoko, chefe dos batekês este tratado:

"O Rei Makoko, que exerce a soberania do país situado entre as fontes e a embocadura de Lefini em Ncuna... faz... cessão de seu território à França, à qual faz cessão de seus direitos hereditários de supremacia...; querendo, como sinal dessa cessão, arvorar as cores da França, eu lhe entreguei um pavilhão francês, e, pelo presente documento, feito em duas vias e firmado com seu sinal e com minha assinatura, dada a prova de consideração que ele teve a meu respeito, considerando-me dessa maneira como o representante do governo francês."

Um segundo ato, assinado em 3 de outubro, delimitou o perímetro do território cedido no Pool para a instalação de um posto francês; depois, Brazza retornou ao Gabão, sem nada dizer a Stanley, que reencontrou ao passar por Vivi.

O caso foi divulgado, entretanto, quando os missionários ingleses, depois o próprio Stanley, se chocaram com o miliciano senegalês Malamine, encarregado por Brazza de guardar o pavilhão.

32

O governo, pressionado pelos correspondentes de Brazza entre os membros da sociedade de Geografia, iria ratificar os tratados? O Almirante Jauréguiberry, Ministro da Marinha, que não gostava de ver sua política ditada por jovens irresponsáveis, era hostil a isso. No Quai d'Orsay, de que o embaixador da Inglaterra solicitava esclarecimentos, não se faziam ilusões sobre o medíocre interesse econômico do Congo. Mas, após a partida de Brazza, movimentos contraditórios haviam agitado o curso da política exterior. O estabelecimento do protetorado francês na Tunísia, seguido de uma campanha relativamente mortífera obrigara Jules Ferry a se demitir em 1881. No ano seguinte, as desordens provocadas pelos nacionalistas egípcios contra o controle financeiro franco-britânico haviam ameaçado a vida dos europeus. Os ingleses tinham proposto à França uma demonstração de força comum e a Câmara havia recusado a Freycinet os créditos necessários. A Inglaterra tinha sozinha bombardeado Alexandria, desembarcado tropas, batendo os insurretos e ocupado o Egito, de onde a França se encontrava eliminada. Freycinet fora derrotado. Seu sucessor, Duclerc, temia receber uma nova recusa. Apesar disso, não havia, no Congo, o choque com nenhuma potência européia. O Comitê do Alto Congo não era um estado de direito público. Os esforços de Leopoldo para impedir a ratificação, a imperícia de Stanley, ironizando uma conferência feita em Paris sobre as iniciativas de Brazza e sobre os farrapos de Malamine, a carta pela qual o Rei rogava a Lesseps que salvasse o caráter humanitário da A. I. A., evitando com isso "a instalação da política no Congo", aumentaram a popularidade do explorador. A criação de Estados negros sob a égide do Comitê, mas dentro de uma acepção européia e de forma alguma africana do termo Estado, não havia, por outro lado, já "instalado a política"?

Duclerc resolveu então pôr em evidência esses sucessos que as circunstâncias lhe ofereciam. Rompendo com a tradição da ratificação por simples decreto dos tratados com os chefes negros, ele submeteu às Câmaras a ratificação solene do Tratado de Makoko. Conseguida por unanimidade em 22 de novembro de 1882, essa foi seguida do envio do Tenente de Marinha Cordier a Loango e a Pointe Noire. Este estabeleceu o protetorado francês na costa, à altura da embocadura do Kuilu. No decorrer de sua viagem de retorno, Brazza havia descoberto, por meio do Kuilu e do Niari, uma via de acesso para o Pool mais curta que a de Ogué.

Brazza retornou ao Congo, com o título de "Comissário da República no Oeste africano". Dotado de um orçamento de 1 275 000 francos, prosseguiu a exploração e esforçou-se para expandir a dominação francesa.

O tumulto feito em torno desse caso chamou sobre a África Central, em grande parte ainda não explorada, a atenção dos diplomatas. Leopoldo corria o risco de ver suas estações "englobadas" em território colocado sob uma soberania européia. Desde então, apressou Stanley a dar prioridade à organização dos Estados negros sobre as sociedades de transporte e comércio, igualmente previstas pelas instruções. Por instigação do antigo representante dos Estados Unidos em Bruxelas, Sanford, que se tornara membro do Comitê executivo da A. I. A. e que retornara a seu país, esforçou-se para obter o reconhecimento oficial do pavilhão da A. I. A., transformada em Associação Internacional do Congo, "da mesma forma que um pavilhão amigo". O Senado americano decidiu-se a favor disso em 22 de abril de 1884.

Portugal, por outro lado, inquietou-se. Instalado em Angola, invocava direitos de prioridade histórica à embocadura do Congo, descoberta por seus navegadores no século XV e dominada por seu aliado, o Reino do Congo, nos séculos XVI e XVII. Em setembro de 1883, ocupou Landana, entre Pointe Noire e o estuário onde a missão católica francesa do Padre Duparquet era particularmente ativa. Depois, fraco demais para impor sozinho o reconhecimento de suas pretensões, pôs fim a um longo conflito que o opunha à Inglaterra sobre os limites de seu estabelecimento em Moçambique, e obteve em troca, pelo tratado de 26 de fevereiro de 1884, o reconhecimento britânico de sua soberania nos rios do estuário e nas costas atlânticas ao norte e ao sul da embocadura. Os protestos de Banning, agente de Leopoldo, como também de missionários protestantes e de comerciantes ingleses, fize-

34

ram com que o governo britânico deixasse de submeter o tratado à ratificação do Parlamento.

Bismarck interveio então. Ele se mostrara sempre hostil aos armadores alemães que desejavam a aquisição de colônias. Seu propósito era salvaguardar o império que havia unificado em 1871. Diplomata, tornara-se o "chefe da orquestra do concerto europeu". Seu sistema consistia em manter boas relações com todas as potências, instigando desse modo as rivalidades que poderiam opô-las entre si. Havia conseguido reconciliar-se com a Áustria e conservar a amizade dos russos, não obstante a concorrência destes com a Áustria nos Bálcãs. Ele era aliado da Itália, que reivindicava o Tirol e o Trentino austríacos. A Itália e a França estavam em más relações depois do estabelecimento da França na Tunísia. A Inglaterra e a Rússia rivalizavam-se na Pérsia e no Afeganistão. O caso do Egito havia posto fim à tradicional colaboração da França com a Inglaterra. Parecia ter chegado o momento de tentar uma aproximação com a França, isolada, e de encorajar seus desígnios colonialistas para desviá-la da desforra na Alsácia Lorena. A aproximação foi espetacular, quando Jules Ferry aceitou que as duas potências convocassem conjuntamente uma conferência internacional sobre a África Central. A ordem do dia, aceita pelo Foreing Office previa três pontos:

1) Liberdade do comércio na bacia do Congo e em suas embocaduras.

2) Aplicação ao Congo e ao Níger dos princípios adotados pelo Congresso de Viena tendo em vista consagrar a liberdade de navegação sobre vários rios internacionais, princípios estes aplicados mais tarde no Danúbio.

3) Definição das formalidades a serem observadas para que novas ocupações nas costas da África fossem consideradas efetivas[2].

Não havia aí nada de revolucionário. Não se falava em dividir a África, mas antes de assegurar a continuação do livre-cambismo tradicional em suas costas e em seus grandes rios. A iniciativa de Bismarck

(2) STENGERS, Jean. Léopold II et la fixation des frontières du Congo. *Le Flambeau*, mar./abr. 1963. pp. 153-197.

——. Léopold II et la rivalité franco-anglaise en Afrique, 1882-1884. *Revue belge de philosophie et d'histoire*, 1969. t. XLVII, n.2, pp. 426-479.

sobressaía mais na política exterior dos Estados europeus, entre os quais ele queria desempenhar um papel de árbitro que em sua política colonial. Mas era essa nada menos que a primeira vez que a África era objeto de uma conferência internacional. Bismarck abandonou o pequeno palco em que marinheiros e colonos se agitavam sob o controle mais ou menos desleixado de seus governos, para introduzir-se no grande teatro da diplomacia internacional.

Capítulo III

A Conferência de Berlim

Preparação

Discutiu-se muito sobre as razões que incitaram Bismarck a praticar uma política colonialista. Ele poderia, com efeito, realizar seus projetos de política exterior, colaborar com a França e presidir a conferência de Berlim sem, previamente, obter para a Alemanha direitos de soberania na África. Nada em sua atividade passada o havia orientado para a expansão colonial. Sempre que exploradores ou armadores hanseáticos lhe haviam submetido projetos de intervenção no além-mar, ele os rejeitara. A adoção, sob sua égide, de uma tarifa protecionista em dezembro de 1878, devia favorecer os fidalgos prussianos produtores de sementes e de madeira, assim como a jovem indústria do Ruhr. Os representantes das cidades hanseáticas, favoráveis ao livre-cambismo e à colonização, eram hostis a isso.

Considerações de política interior foram invocadas para explicar a mudança de opinião do Chanceler em 1884. É certo que o progresso dos liberais nas eleições de 1881 e 1884 o inquietavam. Seus chefes, Lasker, Benningsen, Richter, desejavam introduzir na Alemanha um regime parlamentar de tipo britânico, que o Príncipe herdeiro, Frederico, genro da Rainha Vitória, teria aprovado. O chanceler procurava no centro e na direita

37

uma nova maioria que pudesse firmar a paixão nacionalista, por sua vez antiinglesa.

Oportunidades de rivalidades existiam. Bismarck escolheu a suscitada pelo estabelecimento de um armador de Brêmen, Adolphe Lüderitz, na baía de Angra Pequeña. Os ingleses do Cabo ocupavam a costa até o Orange e se estabeleceram mais ao norte, em Walvis Bay, em 1878. Eles não se empenharam, entretanto, em proteger os missionários alemães da Sociedade de Barmen, entre Walvis Bay e o Orange, como Bismarck lhes havia pedido em 1880. Essa prudência se explicava pelas guerras a que se entregavam no interior do país os namas (hotentotes) e os herreros. Lüderitz adquiriu sua concessão do chefe hotentote, Joseph Fredericks, em maio de 1883, e, de novo, Bismarck perguntou ao governo britânico, se este estava disposto a "estender sua proteção eficaz aos colonos desta região". Não obstante o protesto do Cabo às pretensões de Lüderitz, o governo britânico demorou em tomar posição e o próprio Bismarck, pouco desejoso de ver o Reich arrastado a guerras contra os hotentotes ou contra os herreros, contentou-se em deixar o caso em aberto, solicitando ao Foreign Office, em 31 de dezembro de 1883, a definição de sua posição.

Foi certamente o memorial que o conselheiro particular da legação para os negócios estrangeiros, Henri de Kusserow, lhe fez chegar em 8 de abril de 1884, que decidiu isso. O autor fazia notar que se podiam adquirir colônias sem sobrecarregar grandemente o orçamento do Estado. Esse último se contentaria em afirmar sua soberania para impedir a intervenção de outras potências; depois a delegaria, por meio de uma carta, a companhias privadas que se encarregariam da ocupação, da administração e da valorização do território. Os ingleses haviam ressuscitado este sistema no norte de Bornéu em 1881. A carta concedida à companhia por um prazo definido, era rescindível e acompanhada de um caderno de incumbências que obrigava a companhia a respeitar os direitos dos aborígines e a proceder certos trabalhos de infra-estrutura. Em suma, como Chanceler o explicou no Reichstag a 26 de junho:

"Minha intenção, conforme a de S.M. o Imperador, é de deixar à atividade e ao espírito de empreendimento de nossos concidadãos que vão estabelecer comércio além dos mares a responsabilidade total da fundação e do desenvolvimento material da colônia. Eu conto menos em servir-me da forma de anexação de províncias de além-mar ao Império Alemão que em entregar cartas de franquia semelhantes às cartas reais inglesas... Creio também que poderíamos muito bem contentar-nos com um só representante da autoridade imperial, que seria chamado Cônsul ou enviado do governo...

Nossa intenção não é de criar províncias, mas de tomar sob nossa proteção empreendimentos comerciais e tarefas que, em seu pleno desenvolvimento, venham a adquirir soberania; uma soberania comercial, em suma, apoiada no Reich alemão e colocada sob sua proteção. Nós a protegeremos igualmente contra os ataques de vizinhos imediatos assim como de vexações advindas de outras nações européias..."[1].

Depois de ter meditado sobre o relatório de Kusserow e tomado sua decisão, o Chanceler agiu rapidamente: em 17 de abril, encarregou o explorador Nachtigal, que era Cônsul em Túnis e membro do Comitê executivo da A. I. A., de embarcar na canhoneira "La Mouette" para ir inspecionar as feitorias criadas pelos alemães na costa ocidental da África, e para negociar acordos que colocassem sob a proteção do Reich as que não se encontrassem em costas já ocupadas por outra potência.

Tendo sido a França advertida, não houve conflito quando Nachtigal, por erro, quis instalar o domínio alemão em Dubreka, nos Rios do Sul. Fora bem recebido no Togo, onde prosperavam as feitorias dos irmãos Vietor, missionários e comerciantes. Em Duala (Camarões), Nachtigal precedeu por pouco tempo o comodoro Hewett, que queria pôr os chefes locais sob a soberania britânica. Em seguida encontrou-se com Lüderitz na baía de Angra Pequeña, já informado pelo telegrama de 24 de abril, de que o Chanceler advertira ao Cônsul alemão do Cabo que os estabelecimentos do Sr. Lüderitz se encontravam, desde então, sob a proteção do Reich. O pavilhão alemão foi assim içado sobre as colônias da África atlântica, entre julho e ou-

(1) "Reichsanzeiger" de 27 de junho de 1884. DECHARMES, P. *La colonisation allemande*. Paris, s.d., 16.º, p. 46.

tubro de 1884, por Nachtigal, que morreu no mar, de volta da expedição.

Cerca de dois meses se passaram entre a anuência de Jules Ferry (22 de abril) e a abertura da conferência. Foi necessário, com efeito, obter a concordância de Lord Granville, Secretário de Estado no Foreign Office, e estabelecerem-se entendimentos sobre a lista das quatorze potências a serem convidadas. Os organizadores dirigiram-se aos signatários do tratado de Viena, visto que pretendiam inspirar-se em sua regulamentação sobre a navegação no Danúbio, e juntaram-se a isso os novos interessados, Bélgica, Itália, Estados Unidos e Turquia. Esse prazo não foi somente utilizado por Bismarck. Também Leopoldo desejaria obter o reconhecimento de todas as potências antes da abertura da conferência; não teve êxito e continuou a negociar à margem da mesma. A partir do dia seguinte ao reconhecimento do pavilhão da A. I. A., pelos Estados Unidos, Leopoldo tentou engodar Jules Ferry oferecendo-lhe direito de preempção onde a Associação renunciasse a seu empreendimento. Isto era fazer pouco caso da indignação dos ingleses, pois a soberania francesa no Congo teria perturbado seu comércio; mais tarde, a hostilidade britânica à extensão do Estado Independente em direção ao Sudão Oriental se explicará por meio dessa ameaça de preempção. Surpreso e interessado, pois não acreditava que a Associação conseguisse organizar tão vasto domínio, Jules Ferry, mesmo assim, não cedeu imediatamente. A delimitação dos respectivos territórios colocava problemas ainda mais árduos em virtude da exploração no alto Ubangui ainda não ter acabado e de que, na região de Kuilu e do Niari, os postos franceses e as estações da Associação se sucediam, permitindo a cada um reivindicar o território. Bismarck, entretanto, aceitou reconhecer o pavilhão da A. I. A., a 16 de outubro, e não objetou, a 8 de novembro, em aprovar o esboço que Leopoldo lhe submeteu; o futuro Estado independente compreendia toda a bacia ao sul do Ubangui, exceto Katanga e os territórios dependentes do sultão de Zanzibar. O essencial, para ele, era a promessa da livre-troca.

Os debates da conferência se arrastaram, para permitir que Leopoldo prosseguisse as negociações antes da conclusão dos mesmos: a Inglaterra deu sua anuência, em princípio, a 16 de dezembro, sem precisão de limites. Depois, a 24 de dezembro, Leopoldo dirigiu uma segunda carta a Bismarck; esta incluía Katanga, cujas reservas minerais eram ignoradas. O Chanceler não fez objeções, e os funcionários do Foreign Office, na ausência de seu chefe, que pensavam estar informado, ratificaram por engano[2]. Ferry via sem desagrado aumentar o domínio da preempção, mas só concordou a 5 de fevereiro de 1885, após Leopoldo ter renunciado ao Kuilu-Niari. Ainda que seus geógrafos e o próprio Brazza tivessem sido enganados, a França obteve também, por um acordo de delimitação de 1887, a fronteira que reivindicava no alto Ubangui; mas admitiu, em troca, que seu direito de preempção não valeria quando a Associação cedesse os direitos ao estado belga.

A Conferência
(15 de novembro de 1884 a 26 de fevereiro de 1885)

A conferência[3] foi aberta no sábado, 15 de novembro, às 14 horas, pelo Príncipe Bismarck sentado à cabeceira de uma mesa de ferro. O grande mapa da África de Kiepert, estava pendurado diante dele. Apareceu de novo na sessão de encerramento; as outras oito reuniões que se seguiram, sempre à tarde, entre 14 horas e trinta e 17 horas mais ou menos, foram presididas inicialmente pelo Conde de Hatzfeld, depois pelo conselheiro particular Busch: a Wilhelmstrasse regia a política mundial. Não é demais lembrar que a conferência de Berlim se inscreveu no quadro da história das relações internacionais. A África não era aí senão uma parada mais ou menos cobiçada nessa partida arbitrada por Bismarck, e a maioria das quatorze potências não julgaram útil enviar para aí seus melhores jogadores. Essas potências se fizeram simplesmente representar por seus embaixadores. Entre as que mandaram especialistas, os Estados Unidos desempe-

(2) Cf. adiante: "Problemas e controvérsias".
(3) Texto da Ata Geral, adiante, em "Documentos".

41

nharam um papel importante: juntaram, com efeito, ao Ministro plenipotenciário Kasson, totalmente incompetente, seu predecessor Sanford, que apelou para Stanley como perito. Leopoldo II dispôs assim dos votos americanos somados aos dos belgas; ele preferiu em geral exprimir-se por intermédio dos americanos.

Afora as sessões plenárias, comissões restritas prepararam relatórios sobre os pontos mais contestados. Mas o conjunto dos debates poderia ter sido concluído em quinze dias, se não se tivesse esperado o resultado das negociações desenvolvidas à margem da conferência por Leopoldo.

Desde a primeira sessão, os dados do equilíbrio diplomático se precisaram. Sir Edward Malet, após ter lembrado a necessidade de proteger os aborígines, insistiu na diferença essencial entre o Congo e o Níger. A Inglaterra, praticamente sozinha no baixo rio, não admitiria o controle de uma comissão internacional, e faria ela própria respeitar as decisões da conferência. A França que, não obstante a fusão recente da *Compagnie d'Afrique Equatorial* com a *United Africa Co.*, de Goldie Taubmann, não renunciara à penetração para o Sudão pela bacia do Níger, mostrou-se reservada. O caso foi reenviado à comissão. Bismarck apoiou a posição da Inglaterra. Os ingleses obtiveram finalmente decisão favorável e foi admitido que, no Alto Níger, a França — que ali ainda não se instalara — desempenharia papel análogo ao confiado à Grã-Bretanha no delta. Pareceu assim que a rivalidade franco-britânica subsistia e que a aproximação franco-alemã se limitava a uma simples pausa. De resto, o fato de que a França não pensava em dividir com a Alemanha a presidência da Conferência, e as declarações de Jules Ferry na Câmara, tinham já mostrado que a amizade desejada por Bismarck não desviava os olhos dos franceses "da linha azul dos Vosges".

As suscetibilidades nacionais exprimiram-se, assim, no decorrer da segunda e terceira sessões (19 e 27 de novembro) sobre a extensão do território onde reinaria a liberdade comercial. Kasson lembrou que os Estados Unidos tinham reconhecido o pavilhão da A. I. A., sem que os limites das regiões em que dominaria esse princípio fossem fixados. Ele as desejava tão vastas quanto possível, e uma comissão presidida pelo Barão de Courcel,

Embaixador da França teve de estabelecer a distinção entre a bacia geográfica e a bacia convencional do Congo. Esse último deveria permitir o acesso, a partir dos oceanos Índico e Atlântico, à bacia geográfica. França e Portugal invocaram seus direitos de soberania sobre as costas. Finalmente fez-se um acordo para limitar essa bacia convencional, no Atlântico, a um corredor entre Sette Cama (entre o Ogué e o Kuilu) e Logé (em Ambriz, no Norte de Angola); no Oceano Índico, a costa entre Moçambique e os domínios do sultão de Zanzibar, que a Inglaterra fez explicitamente excluir, assim como as fontes do Nilo. Stanley teria desejado uma bacia convencional larga, que compreendesse obliquamente toda a África Central. Nessa zona, proibiu-se o recebimento dos direitos de entrada sobre as importações. Autorizavam-se, contudo, os direitos da saída, indispensáveis aos orçamentos locais.

Desde de 17 de novembro, Kasson propôs a neutralidade dessa bacia convencional. França e Portugal se opuseram, em nome de sua soberania nas partes de suas colônias que se encontravam inclusas na bacia. Admitiu-se finalmente que a neutralidade seria facultativa, ficando cada um dos soberanos presentes ou futuros livres de proclamá-la ou não. Somente Leopoldo utilizou esse direito quando do advento do Estado Independente do Congo.

Esses debates sobre a delimitação e sobre a neutralidade da bacia convencional esclarecem o segundo objeto que se tende às vezes a deixar demasiado na obscuridade. Para a maioria das potências, o principal fim da conferência devia ser o de preservar o livre-câmbio que as anexações recentes feitas pela França e Portugal haviam limitado. É por esse motivo que elas se mostraram em geral favoráveis à extensão do domínio da A.I.C. O futuro Estado independente — quer se acreditasse ou não em sua perenidade — assegurava o futuro da livre-troca internacional.

Essa preocupação econômica exprimiu-se curiosamente no decorrer das discussões sobre os atos de navegação do Congo e do Níger. Os artigos 25 e 33 da Ata geral da conferência introduziram, com efeito, uma admirável "renovação jurídica", conforme os termos do relatório do delegado francês, Engelhardt, autor dos processos verbais enviados ao Ministério dos Negócios

Estrangeiros: estes artigos decretavam que nas duas bacias, em caso de guerra, o tráfico dos comerciantes de todas as nações, "neutras ou beligerantes", permaneceria livre "não obstante o estado de guerra, sobre as estradas, caminhos de ferro, lagos e canais" como ainda nos rios. Se, portanto, uma potência estabelecesse sua soberania, ela seria obrigada a permitir a circulação de comerciantes inimigos em seu território sob condição, bem entendido, de que eles não transportassem munições ou outro contrabando de guerra (13 de dezembro).

Esse último triunfo do liberalismo devia facilitar as discussões finais sobre uma divisão eventual. Tema da derradeira das seis declarações engendradas pela ordem do dia inicial, elas revelaram o terceiro objeto fundamental das deliberações. A declaração, longamente discutida na comissão após a suspensão da conferência de 22 de dezembro a 5 de janeiro, foi aceita na sessão plenária de 31 de janeiro. Seu objeto foi o de precisar "as condições essenciais a serem preenchidas para que ocupações novas sobre as costas do continente africano sejam consideradas efetivas". Este era o problema levantado pelo tratado anglo-português de fevereiro de 1884, que as potências não tinham reconhecido. Foi colocado, de início, que apenas as costas estavam em questão. O Embaixador da Inglaterra, entretanto, propôs "que as normas a serem estabelecidas para as novas tomadas de posse na África fossem tornadas aplicáveis a todo o continente africano". Busch fez então notar "que isso implicava forçosamente a determinação precisa e próxima do estado de posse de cada potência na África". Kasson mostrou-se favorável mas Courcel protestou que o atual estado da exploração não permitia uma delimitação que "levasse de fato a uma divisão da África". Ora, não era essa a finalidade da conferência; ela "recebeu a missão exclusiva de estatuir para o futuro; as situações alcançadas escapam a suas decisões".

Estando a partilha afastada, colocou-se o princípio da notificação, admitindo-se assim que ela pudesse preceder à ocupação efetiva. Esta foi difícil de ser definida, porque termos precisos podiam obrigar as metrópoles a despesas que elas não estavam dispostas a fazer. Malet recebeu mesmo um telegrama de seu governo sugerindo a fórmula que satisfez a Bismarck: "territórios em que uma potência tivesse fincado seu pavilhão". Chegou-se a um acordo em termos vagos: "As potências reconhecem a obrigação de assegurar nos territórios ocupados por elas nas costas do continente africano, a existência de uma autoridade capaz de fazer respeitar direitos adquiridos, e, se for o caso, a liberdade de comércio e de trânsito...".

Assim, a conferência não partilhou a África[4]. Mas os prazos observados para permitir que Leopoldo II precisasse os limites do Estado Independente; as fórmulas constantemente lembradas que repetem o mesmo verbo no futuro: "as potências que exercem ou exercerão direitos de soberania ou uma influência" na bacia convencional — os recentes progressos da França no Sudão, dos ingleses na Costa do Ouro etc., tudo concorre para afirmar a convicção geral de que a partilha era inelutável. A declaração sobre a notificação devia permitir a limitação dos conflitos futuros a negociações diplomáticas.

Os deveres humanitários sobre os quais Sir Edward Malet insistira quando da sessão inaugural, confirmando que os africanos não estavam representados, exprimiram-se por duas declarações de princípios não consecutivas. O artigo 6 mencionou, no ato de navegação do Congo, a liberdade religiosa e a proteção dos missionários e aos viajantes. Uma breve declaração especial proibiu o tráfico dos negros, ao qual todos os signatários já haviam renunciado (art. 9). Uma longa discussão, em 22 de dezembro, não permitiu entretanto interditar a venda de bebidas alcoólicas aos aborígines. Os representantes da Alemanha e da Holanda, grandes exportadores, se opuseram. Uma solução de compromisso deixou aos "governantes locais o encargo de regulamentar esse comércio".

Leopoldo havia rubricado seus últimos acordos com a França e Portugal; Bismarck no discurso de encerramento de 26 de fevereiro fez "uma comunicação que, rigorosamente, deveria seguir-se à assinatura do tratado": ele havia recebido da Associação Internacional do Congo, em nome de seu fundador Leopoldo II,

---

(4) Cf. *infra*, Questões controversas: O mito da divisão de Berlim.

a adesão da A. I. C. às resoluções da conferência. E concluiu:

"Senhores, eu creio corresponder ao sentimento da Assembléia, saudando dessa maneira com satisfação a resolução da A. I. C. e fazendo notar sua adesão às nossas iniciativas.

O novo Estado do Congo é chamado a tornar-se um dos principais guardiães da obra que temos em vista, e eu faço votos a seu próspero desenvolvimento e à realização das nobres aspirações de seu ilustre fundador."

Capítulo IV

A África Oriental

Por volta de 1870, a África Oriental era ainda mal conhecida pelos europeus. Eles freqüentavam suas costas a partir do descobrimento pelos portugueses. Mas esses últimos foram isolados em Moçambique por comerciantes árabes mais ou menos vassalos dos sultões de Oman, que controlavam o comércio no Norte da Rovuma, e pelos ingleses, cuja colônia de Natal fora oficialmente criada em 1845.

Os *seyyid* (sultões) de Oman eram aliados dos ingleses desde o início do século. O mais dinâmico dentre eles, Said (1806-46) tinha contribuído para a segurança do caminho das Índias, ameaçado pelos piratas jawasmi do Golfo Pérsico e pelos wahabitas da Arábia. Após ter transferido sua capital de Mascate para Zanzibar (1832), desenvolvera as plantações de cravos que fizeram de Zanzibar e de Pemba os primeiros produtores mundiais desta especiaria. Paralelamente, reduzindo-se pouco a pouco, sob a pressão dos ingleses a importância do comércio de escravos — o grande mercado de Zanzibar foi definitivamente fechado por um de seus sucessores, Bargash, em 1873 — ele havia entabulado relações e assinado tratados de comércio com as potências ocidentais (Estados Unidos, França, Hansa), desenvolvido o comércio com a África, cujas alfândegas alimentavam seu orçamento. Após a morte de Said o

47

império de Oman foi dividido, mas os *seyyid* de Zanzibar prosseguiram com a mesma política, e pelo tratado de Paris de 1862, a França e a Inglaterra garantiram a integridade dos Estados de Zanzibar e de Oman. Esse tratado, entretanto, não fixava os limites dos domínios continentais do *seyyid*. Em toda a banda costeira em que dominasse a língua swahilie, misto de árabe e de dialetos bantos, os comerciantes árabes controlavam as transações. Eles introduziram as armas de fogo, preciosas para a caça de elefantes. Mas os intermediários negros com os quais tratavam, utilizaram também os fuzis contra as populações entre as quais apresavam escravos. Os cativos levavam presas de elefantes até a costa, e após eram amontoados nos navios árabes que os transferiam como contrabando para o golfo Pérsico. A miséria dessas populações indefesas e a crueldade dos potentados negros que as subjugavam impressionaram os exploradores e os missionários europeus que se aventuraram pela África interlacustre.

Quando de sua segunda grande exploração de 1858 a 1864, Livingstone revelou essa calamidade. Tendo partido do estuário do Zambeze, subiu o Shiré, e descobriu o Lago Niassa. Sua terceira expedição (1866-73), o conduziu de Rovuma ao Niassa, depois a Tanganica e a Lualaba (Congo), que ele acreditou poder identificar com o Nilo. Missionários escoceses, os irmãos Moïr, organizaram o comércio por barco sobre o Shiré, e por estrada carroçável entre o trecho de Blantyre (1878) e o pequeno porto de Livingstônia, de onde seu vapor sulcou o lago Niassa.

Stanley, partindo em setembro de 1874 de Zanzibar, com 356 homens e o navio desmontável "Lady Alice", explorou o Lago Vitória e foi recebido pelo Rei Mtesa, do Buganda, cuja civilização e a sólida estrutura política o impressionaram (1875). Atingiu, em seguida, o Ujiji no Tanganica, depois o Lualaba, que seguiu até Boma. No Norte de Bagamayo, o explorador prussiano Claus von der Decken tinha percorrido o "sultanato de Vitu" cujo chefe Achmet Simba procurava livrar-se da dominação zanzibarita. Ele solicitou em vão o protetorado prussiano, e Bismarck rejeitou, ainda em 1879, um pedido semelhante feito pelo explorador Clément Denhardt.

48

Do Sudão egípcio, os governadores britânicos a serviço do quediva, Sir Samuel Baker, em seguida Gordon (1873-76), espalharam igualmente na Província Equatorial armas para a caça de elefantes, e tentaram, buscando reprimir o tráfico dos escravos, exercer uma influência até Bunioro e Buganda. Mas Uganda era decididamente mais acessível a partir da costa do Oceano Índico. Foi de Zanzibar que até a construção da via entre Boma e o Stanley Pool, após 1882, partiram todas as expedições européias importantes para a África Central: Zanzibar, capital de um Estado independente, protegido pelos ingleses cujo Cônsul John Kirk aconselhou o *seyyid* Bargash a partir de 1873; Zanzibar, centro do comércio internacional onde arribavam os navios da *British India Steam Navigation Company;* seu fundador, o armador de Glasgow Mackinnon, projetava a construção de uma via para Tabora, mercado continental para onde convergiam as vias dos lagos Vitória e Tanganica; Zanzibar, onde o oficial inglês Lloyd Mathews, a serviço de Bargash, instruía os homens recrutados em princípio para conter o tráfico no continente, mas cujo exército permitia também manter na obediência do *seyyid* potentados inquietos pela paixão da revolta e pela criação de impérios independentes.

Todo esse complexo de política e de comércio, tingido de interesses africanos, ocidentais e asiáticos, misturado com crenças islâmicas, animistas e cristãs, consolidado por meio século de equilíbrio relativo, prosperava sem que nenhuma das potências européias tradicionalmente ativas no Oceano Índico — Portugal, França, Inglaterra — tivesse motivo para perturbá-lo.

A Inglaterra velava zelosamente por sua autonomia. As razões que ela tinha de privilegiar a África Oriental foram reforçadas. Por volta de 1885, não havia tão somente o controle do caminho das Índias. A expansão da África do Sul para o norte, a sedução dos anos 80 pelos caminhos de ferro transcontinentais e os projetos de ligação Cabo-Cairo, finalmente a ocupação do Egito em 1882, faziam com que ela desejasse isolar as potências tanto das fontes do Nilo quanto dos territórios pelos quais passaria a futura via férrea. A revolta mahdista em 1885 e o massacre de Gordon, enviado em missão para evacuar a província equatorial,

49

haviam contribuído para o abandono do Sudão egípcio. Mas os ingleses esperavam o momento em que o enfraquecimento dos mahdistas permitisse ao "Egito" a recuperação dessa via de acesso para a África dos grandes lagos.

A situação mudou quando Leopoldo II lançou seu interesse sobre a África Central. A *Associação Internacional Africana,* criada pela conferência dos geógrafos em Bruxelas em 1876, recomendava aos vários comitês internacionais multiplicar as "estações hospitalares, científicas e humanitárias" na África Central. A via de acesso mais recomendável partia da costa oriental. Os comitês belga e alemão (*Afrikonishe Gesellschaft in Deutschland*) fundaram estações, assim como os padres brancos, cuja primeira missão alcançou Tabora em 1878.

Tudo isso era iniciativa privada. Os últimos a desejarem uma intervenção oficial eram certamente os comerciantes hamburgueses que asseguravam mais ou menos um quarto das importações e a metade das exportações de Zanzibar. As grandes firmas, O'swald, Hansing, viviam em bons termos com Bargash e com os ingleses. Bismarck, que em 1884 decidira intervir na costa atlântica, temia entrar em conflito com a Inglaterra ao participar das disputas entre o *seyyid* e seus vassalos africanos. Decidiu-se ao final do ano pelo envio ao local de um bom observador, substituindo o Cônsul hanseático, William O'swald pelo explorador Gérard Rohlfs, nomeado Cônsul-Geral da Alemanha.

O Chanceler, entretanto, estava a par dos projetos ambiciosos do Dr. Carl Peters. Este diplomado em História da Idade Média tinha descoberto, quando de uma permanência em Londres, o fausto de uma metrópole universal. Ficara fascinado e humilhado em seu nacionalismo simplista. Ele tinha, por outro lado, a convicção de ser marcado pelo destino para realizar uma grande obra, e associava sua pessoa a Guilherme, o Conquistador, a Fernão Cortés e a Napoleão. Hostil ao academicismo e ao imobilismo do velho *Kolonial Verein* ele fundou, em março de 1884 com o Conde Behr Bandelin, camareiro do Imperador, e com o jornalista Friedrich Lange, editor da *Taeglische Rundschau,* nacionalista e anti-semita, uma "Sociedade para a colonização alemã", com a intenção de agir imediatamente, "esperando que o Reich se decida a empreender uma política enérgica". Após ter hesitado entre o Brasil, Angola e o Kuango, decidiu-se pelo Usagara, país situado atrás da costa africana, em frente a Zanzibar, de que Stanley havia pintado um quadro encantador em seu livro *How I found Livingstone*. Cerca de 500 subscritores que ele havia convencido reuniram aproximadamente 65 000 marcos. Contrariamente a suas afirmações e gabolices, Peters discutiu o projeto com os órgãos dos assuntos estrangeiros, sem encontrar oposição como havia ocorrido anteriormente. Mas também não o encorajaram, e Bismarck, advertido de sua partida, encarregou O'swald de lhe lembrar, em Zanzibar, de que agia particularmente, sem apoio oficial.

A história da viagem de Peters e de seus três companheiros europeus é hoje muito conhecida[1]. Tendo partido de Zanzibar com 36 carregadores e 6 domésticos a 12 de novembro de 1884, eles reapareceram, exaustos, em Bagamayo a 17 de dezembro. Eles tinham, em trinta e sete dias, assinado doze tratados que colocavam mais ou menos 140 000 km^2 sob a dominação alemã. Os dois chefes aborígines, que haviam assentado seus sinais sobre um texto alemão não eram em geral nem soberanos nem habilitados para negociar. Engodados pelos presentes, inebriados ou constrangidos, eles tinham pouca consciência daquilo que haviam feito. De Bombaim, onde embarcou em seguida para a Alemanha, evidentemente sem nada ter revelado em Zanzibar, Peters avisou Behr Bandelin, Vice-Presidente da Sociedade para a colonização alemã, e também a Wilhelmstrasse. A Conferência de Berlim caminhava para seu fim. Bismarck esperava que Rohlfs conseguisse insinuar-se na graça de Bargash e afastar os ingleses. Nada aconteceu. Mas o sistema internacional de Bismarck parecia sólido, e a Inglaterra se encontrava isolada na Europa.

Desde então, visto que era permitido às companhias agir sem engajar as finanças do Estado e sem apelar para o Parlamento, por que não ratificar os tratados, juridicamente indefensáveis, de Peters? O comércio alemão era mais próspero em Zanzibar que em

(1) MÜLLER, F. F. *Deutschland, Zanzibar, Ost Afrika, 1884-1890.* Berlim, 1959.

51

qualquer outra parte. Por que se privar da satisfação de colocar os ingleses em má situação diante de seu fiel Bargash? Peters, provavelmente, não estava seguro. Bismarck desconfiava dele. Mas quando uma sociedade por ações, a *Deutsche Ost Afrikanische Gesellschaft* (D. O. A. G.), distinta da Sociedade para a colonização alemã de Peters, foi criada, com a esperança de captar capitais privados, Bismarck concedeu uma carta à mesma. O protetorado alemão foi proclamado a 27 de fevereiro de 1885, no dia seguinte ao encerramento da Conferência de Berlim. E em 27 de maio, Bismarck telegrafou igualmente a Rohlfs dizendo que o Reich aceitava o pedido de protetorado do Sultão Achmed do Vitu. O banqueiro Karl von der Heydt forneceu seus primeiros fundos à nova sociedade, a qual apontou Peters como diretor na África.

Bargash, indignado, protestou, propôs submeter o caso a uma comissão de arbitragem franco-britânica. Mas antes que os ingleses tivessem podido intervir, a esquadra do Comodoro von Paschen se apresentou diante de Zanzibar com um ultimato que dava 24 horas ao *seyyid* para se submeter (11 de agosto de 1885). Von Paschen contara com uma recusa que teria aberto as hostilidades e permitido à Alemanha a conquista da costa correspondente aos territórios protegidos. Kirk, ao aconselhar Bargash que aceitasse, frustrou a manobra, abrindo-se então negociações com o Almirante Knorr. Mas, para fixar os limites da zona em que a autoridade do *seyyid* era incontestada, foi necessário recorrer aos ingleses e aos franceses, que em 1862 se tornaram fiadores de sua integridade. Uma comissão tripartida germano-anglo-francesa foi formada em dezembro. Seus membros percorreram lentamente a costa, recolhendo por toda a parte testemunhos favoráveis ao *seyyid*.

Entretanto, a rivalidade anglo-germânica prosseguiu na parte interior do país. No Kilimandjaro, Mathews tinha feito reconhecer a soberania de Bargash e firmado tratados com vinte e cinco chefes chaggas entre maio e julho de 1885. Pouco depois de sua partida, Jühlke, um dos companheiros de Peters apresentou-se e fê-los assinar outros compromissos em nome da D. O. A. G. No Vitu, Denhardt instigava Achmed a reivindicar uma soberania geral sobre o país swahili.

Bismarck, finalmente, propôs aos ingleses um acordo de divisão em "zonas de influência": os tratados de 29 de outubro e de 1.º de novembro de 1866 fundando-se sobre o princípio da integridade do ato de 1862, fixaram numa faixa costeira com largura de dez milhas o território em que a soberania do Zanzibar era reconhecida. Além disso, duas "zonas de influência" foram criadas entre Rovuma e Umba — para a D. O. A. G., e entre Umba e Tana — para a Companhia britânica presidida por Mackinnon (*Imperial British East Africa Company*). Mais ao norte, a soberania de Bargash foi admitida sobre os portos de Kismayu, Baraua, Merka, Mogadishu, Warsheik. Restava resolver o problema do acesso. A Inglaterra propôs ao *seyyid* a locação por arrendamento às duas companhias da parte da costa que lhe interessasse, mediante divisão da renda das alfândegas, que ia aumentar consideravelmente. Bargash morreu antes de ter concluído esta negociação. Seu irmão e sucessor Khalifa ben Said teve de aceitá-la em 28 de abril de 1888.

Por esse tempo, os abusos de Vohsen, que substituiu Peters como diretor da companhia e que pretendeu organizar a administração e receber os direitos alfandegários sem levar em conta os interesses da população fiel ao *seyyid,* tinham provocado revoltas. Nos fins de 1888 a sublevação era geral. Os descontentes tinham desalojado os alemães de toda a parte, salvo de Bagamayo e de Dar es Salam, e seu chefe, um pequeno comerciante árabe, Buschiri, pretendia criar um Estado africano independente do *seyyid,* o qual tinha abandonado a região.

Era a falência de toda a política bismarquiana. O sistema das companhias de carta findava na África Oriental como no sudoeste africano. A D. O. A. G. fez apelo ao Estado: o Chanceler precisou pedir ao Reichstag dois milhões de marcos e enviou o Capitão Von Wissmann para reprimir a revolta. Ele foi favorecido pela encíclica *In Plurimis* e pela cruzada anti-escravista pregada pelo Cardeal Lavigerie. O centro católico, aprovou os créditos. Wissmann triunfou, não somente por causa de seus métodos terroristas, mas porque Buschiri foi traído por seus rivais africanos. Ele foi entregue e enforcado em dezembro de 1889.

Os insurretos receberam grande quantidade de armas aperfeiçoadas que as casas européias, particularmente as firmas alemãs O'swald e Hansing exportavam para Zanzibar e Moçambique. Para impedir este abastecimento dos "mercados de escravos", Bismarck decretou o bloqueio da costa. Pediu aos ingleses, em seguida aos italianos e aos portugueses, que participassem da tarefa. Os ingleses, que não encontraram oposição em suas zonas de influência, onde seus funcionários buscavam a colaboração com os chefes aborígines, reuniram-se sem entusiasmo. A questão do Egito não lhes permitia aproximação com a França; eles não desejavam opor-se abertamente à Alemanha. O bloqueio, aliás, não impediu o contrabando, e a conferência de Bruxelas, reunida para pôr fim ao tráfico de escravos em 1889-90 também não teve êxito.

A preponderância de Bismarck no controle das relações internacionais estava, aliás, ameaçada. A aproximação de 1885 com a França fora efêmera. Bismarck, então, tentou integrar a Grã-Bretanha em seu sistema. Após a renovação da Tríplice, ele conseguiu que se assinasse entre a Alemanha e a Itália, em fevereiro de 1887, um tratado secreto garantindo o *status quo* no Mediterrâneo. Caso uma terceira potência, que só podia ser a França, modificasse esse último, uma divisão estava prevista para assegurar o Egito aos ingleses, a Tripolitânia e a Cirenaica aos italianos. Esse novo equilíbrio foi entretanto ameaçado pelo caso Emin Pacha. Seu verdadeiro nome era Edouard Schnitzer, um médico silesiano que havia governado para o quediva a província Equatoria depois da partida de Gordon (1878). Retirara-se para o Uadelai quando da revolta dos mahdistas (1884) e, tendo o governo anglo-egípcio evacuado o Sudão, encontrou-se isolado com os funcionários e mercenários egípcios que o haviam seguido. Espírito aventureiro, estabelecera seu controle sobre as caravanas e sonhava, como muitos outros, criar um império. Exploradores europeus avaliaram em 75 toneladas, 60 000 libras esterlinas, o tesouro em marfim que ele acumulara. Exigia não somente uma ajuda contra seus inimigos mas também armas para impor-se em Uganda e abrir caminho em direção da costa.

As notícias que se espalharam na Europa em 1888 entusiasmaram as massas, os homens de negócios e os

54

chefes políticos. As massas pensavam que socorrer Emin Pacha, vítima dos mahdistas, seria obra humanitária. Os homens de negócios, como o chefe Mackinnon, presidente da *British Imperial,* estimava que uma expedição de socorro seria rentável se trouxesse o tesouro. Mas, por outro lado, Mackinnon estava de acordo com Leopoldo II e com o governo britânico no desejo de que esse aventureiro não ficasse na região do Uadelai e do Unyoro que comandava o acesso ao Nilo.

Um *Emin Bey relief committee,* financiado por Mackinnon e seus amigos e pelo governo anglo-egípcio, encarregou Stanley da expedição. Quando este encontrou Emin no Lago Alberto, em maio de 1888, foi acolhido sinceramente; entregou uma carta do Cairo ordenando a Emin que voltasse. Este declarou querer inicialmente receber notícias sobre o assunto de Uadelai. Stanley, entrementes, recuperou as provisões que havia gasto a mais, depois quando se encontraram de novo em fevereiro de 1889, teve Emin de enfrentar uma revolta de suas tropas. Finalmente, Stanley e o paxá retornaram à costa, sem tesouro, e Schnitzer, em Bagamayo, passou para o lado dos alemães, por meio dos quais pretendia recuperar "sua província" de Equatoria.

Peters e os colonialistas alemães haviam com efeito se irritado. Um "Komitee" alemão de auxílio, constituído em junho de 1888, encarregou da expedição Peters, que desembarcou nos fins de março de 1889 em Zanzibar. Ele chegava tarde demais, mas não escondia sua intenção de avançar rapidamente para Uganda. Sem aprovação de Bismarck, depois do Komitee, o qual constatou o sucesso de Stanley, ganhou entretanto o Vitu, retornou a Tana e encontrou em 27 de fevereiro de 1890 o kabaku de Buganda, Muanga, com quem assinou um tratado. Tratava-se de um banal acordo sobre a liberdade de comércio e de estabelecimento, mas, traduzindo por "protetorado" o termo "amizade", Peters apresentou-o como um ato político.

Isso vinha tocar os ingleses no ponto mais sensível de sua epiderme africana. Livres de Emin Pacha, eles não podiam permitir que uma grande potência se instalasse na província Equatoria, que eles esperavam recuperar quando se desmoronasse o domínio dos dervixes. Bismarck sabia disso e multiplicava as declarações

55

tranqüilizadoras a Londres. Havia muita fome territorial por parte desses excitados que, agindo por iniciativa própria, acabavam por dificultar o governo e
por impor despesas: "Meu mapa da África, declarou
ele em dezembro de 1888, se encontra na Europa. De
um lado está a Rússia, de outro, a França. Esse é meu
mapa da África"[2]. Todo o segredo da política colonial
do Chanceler está contido nessas palavras. As diferentes atitudes que ele adotou no domínio colonial expli-
cam-se sempre por meio da conjuntura internacional.
Cansado das fanfarronices de colonialistas irresponsáveis, ele decidiu liquidar de uma vez por todas o litígio
colonial com a Inglaterra. Empreendeu negociação enquanto Peters fazia intrigas em Uganda. O que interessava a Bismarck, no momento em que o lançamento
dos empréstimos russos em Paris reaproximava a Rússia
da França, era aproximar diretamente e não somente
por meio da Itália, a Grã-Bretanha de seu sistema europeu.

---

(2) LANGER, W. L. *European Alliances...*, p. 493.

Capítulo V

Os grandes tratados de partilha

Condições de partilha

Não é evidente que a potências reunidas na Conferência de Berlim tivessem sido pressionadas a dividir o interior da África. Ainda que todos tivessem ilusões sobre as companhias com carta, esse recurso à iniciativa e aos capitais privados devia pelo menos dar-lhes tempo para ver sua chegada. Foi a intervenção da Alemanha na África Oriental que precipitou o movimento.

Resultou aí uma implicação mais ainda estreita da política colonial com a política geral. Foi com justiça que o historiador americano William Langer, no prefácio de seu livro *The diplomacy of Imperialism,* definiu o imperialismo como uma "explosão da expansão além-mar". Os governos, tomando como seu papel assegurar as companhias contra as intervenções estrangeiras, recorreram à noção de "esfera de influência". Esta, evocada no acordo de delimitação anglo-alemão de 29 de abril de 1885, no Golfo de Biafra, não tinha sido mantida em Berlim. Quando das discussões sobre as condições a preencher para que ocupações novas fossem consideradas como efetivas, renunciara-se a definir exatamente os conceitos de ocupação, de soberania e de protetorado. Concordou-se finalmente na fórmula vaga do "exercício de uma autoridade suficiente". Es-

57

ses esforços traduziam a preocupação de impedir as divisões operadas na carta, sem "ocupação efetiva". Ora, a noção de esfera de influência, introduzida no artigo 3 do tratado germano-britânico de 1886, estava em contradição com a Ata de Berlim. Ela não a violava porque a Ata geral considerava apenas as costas, mas aplicava à parte interior do país princípios opostos. A esfera de influência não se torna ainda nem explorada nem ocupada; nenhuma "autoridade suficiente" se exerce aí. Ela é uma caça guardada, cuja exploração se verificará no futuro[1].

Essas esferas não podiam portanto ser exatamente delimitadas. Os acordos que grosseiramente as dividiam entre as potências, estavam sujeitos a revisões de pormenores. Eles são comparáveis ao que hoje chamamos de *leis gerais*. Recorriam a noções arbitrárias — latitude e longitude, linha de divisão das águas, curso presumível de um rio de que mal se conhecia a embocadura, populações (quando as etnias eram suficientemente estáveis, agrupadas e organizadas em Estados, para poder formar conjuntos de acordo com as exigências da técnica e da economia modernas). Resultou que os grandes acordos de princípio, as divisões em zonas de influência de julho e agosto de 1890 e de abril de 1904, foram seguidos de inúmeros tratados elaborados por comissões mistas que trabalharam *in loco* no decurso dos anos. Folheando-se simplesmente a lista das convenções analisadas na coleção utilizada pelo Foreign Office, *The Map of Africa by Treaty* de Sir E. Hertslet, constata-se por exemplo, que entre 12 de janeiro de 1869 e 3 de junho de 1907, a Inglaterra firmou trinta tratados de delimitação com Portugal. Houve vinte e cinco entre a Inglaterra e a Alemanha de 29 de abril de 1885 a 11 de junho de 1907, e duzentos e quarenta e nove com a França sobre a África Ocidental e Central, mais quatro que interessavam igualmente a Zanzibar, Marrocos e Egito, entre 28 de junho de 1882 e 25 de fevereiro de 1908.

Esses acordos entre europeus se referiam freqüentemente aos tratados firmados pelas várias potências com os aborígines. Segundo Hertslet, a França concluiu, entre 1819 e 1890, trezentos e quarenta e quatro tra-

---

(1) Cf. adiante, "Problemas e controvérsias: Zonas de influência".

58

tados de soberania ou de protetorado com chefes negros — cento e dezoito antes de 1880. Apenas a *Compagnie Royale du Niger* reuniu entre 1884 e 1892 trezentos e oitenta e nove tratados.

Evidentemente, nós não podemos penetrar nessa complicação diplomática. Para isso seria necessário um grosso volume. Os governos não ratificaram cegamente todos os tratados. Muitos não eram juridicamente válidos, seja porque os exploradores, que não tinham recebido instruções e formulários, não tivessem observado as regras em uso, seja porque os chefes negros não estivessem, segundo as normas européias, aptos a estabelecer contratos. Os africanos, mesmo quando não eram conscientemente enganados, quando se lhes traduzia ou comentava um texto, como faziam amiúde os missionários na África Oriental, não podiam compreender conceitos tão sutis como o de protetorado. Também, com freqüência os agentes das companhias, os exploradores ou os aventureiros redigiam acordos para as necessidades de sua causa, e enganavam voluntariamente os negros. Por vezes mesmo as chancelarias foram vítimas de logro, como quando elas aceitaram falsos tratados, fabricados pela *Compagnie Royale du Niger*[2]. Os governos, quando ratificavam ou rejeitavam projetos de tratados, inspiravam-se essencialmente em sua utilização para repelir outras pretensões européias. Não há nenhuma dúvida de que a África negra jamais tenha sido considerada, nessas negociações, como um interlocutor válido: a partilha da África era exclusivamente iniciativa das potências européias. Seu objetivo, uma vez que agissem com a boa consciência de ocidentais, seria não de respeitar essa África moribunda, destinada a sucumbir sob o embate das técnicas modernas, mas de precipitar seu fim para levar às populações "primitivas" os benefícios da civilização.

Esse choque e este aniquilamento de civilizações seculares não são específicos da África negra e do fim do século XIX. Eles se verificaram na América no tempo dos conquistadores, na Oceânia, no início do século XIX, na Ásia, sob a pressão do imperialismo chinês ou russo. E as reações que se manifestaram tardiamente não salvaram as culturas tradicionais pois

(2) FLINT, A. E. *Sir George Goldie...*, p. 163 etc.

elas partiram de africanos ocidentalizados; sua indignação contra os processos de partilha ou contra a violação dos direitos dos indivíduos exprimiram-se em nome de conceitos europeus e em línguas européias. Tanto isso é verdade que a evolução da humanidade é comandada não pela força bruta — os bárbaros amiúde adotaram as culturas dos vencidos — mas pela técnica mais avançada. Os povos dependentes continuam a sê-lo até o dia em que se apropriam dessas técnicas e contribuem para seu progresso. Eles se tornam então capazes de invenção, e cada invenção cava o túmulo de uma tradição.

Na ausência do negro, os acordos de divisão refletiram as preocupações dos brancos: desejo de poder e medo de perder o prestígio se eles cedessem sem "compensação", avaliação da rentabilidade econômica vindoura, elaboração da rede de alianças diplomáticas. A divisão da África, desde então, se realizou em função dos interesses das potências na Europa ou de outros continentes, e o estatuto de muitos territórios africanos dependeu de concessões que os partidos se faziam além-mar.

O tratado germano-britânico de 1º de julho de 1890

O acordo anglo-germânico de 1.º de julho de 1890[3] é um bom exemplo disso. A iniciativa vem de Bismarck. Este desejava ligar a Inglaterra de novo a seu sistema, do qual, pelo acordo secreto de fevereiro de 1887 sobre o *status quo* no Mediterrâneo, já estivera aproximado. Embora ele tivesse ainda a intenção de renovar o tratado de contra-segurança com a Rússia, que expirava em junho de 1890, não podia deixar de estar atento à reaproximação franco-russa inaugurada pelo lançamento do primeiro grande empréstimo russo em Paris, em 1888. Desde janeiro de 1889, ele ofereceu uma aliança a Salisbury pouco desejoso de se engajar muito. Ele insistiu no seu pedido no fim da vida, propondo sanar as desavenças na África, onde as rivalidades entre as companhias alemã e inglesa se

(3) Cf. *infra* "Documentos", p. 92.

60

exasperavam e as iniciativas de Peters em Uganda amea-
çavam a supremacia britânica na bacia do Nilo.

A negociação foi empreendida e não teve êxito
na fronteira entre o Estado Independente do Congo e
a zona de influência alemã. Bismarck mantinha essa
contigüidade porque o livre-cambismo que reinava no
Congo abria belas perspectivas ao comércio da Alemanha e de sua colônia. Os ingleses, esses buscavam
uma ligação entre a Rodésia e Uganda para poder construir em território britânico a estrada de ferro do Cabo
ao Cairo. A solução foi encontrada quando Mackinnon,
presidente da *Imperial British East Africa Company*
obteve, em 24 de maio de 1890, de Leopoldo II, a
promessa de cessão de um corredor feito no território
do Estado Independente. Disso devia resultar o tratado
de 25 de maio de 1894, pelo qual Leopoldo alugava
aos ingleses o corredor de ligação, e os ingleses a Leopoldo o Bahr-el-Ghazal. Mas os protestos da França
e da Alemanha impediram a ratificação desse acordo.

Entretanto, em 1890 Salisbury não podia ter previsto este revés. Ele desistiu portanto de pedir a Bismarck o que Leopoldo lhe assegurava, e, para obter
a retirada dos alemães do Vitu, o abandono das intrigas
de Peters em Uganda, o reconhecimento de uma esfera
de influência britânica na bacia do Nilo, ele ofereceu
Heligolândia. Os trabalhos de escavação do canal de
Kiel tinham começado. A frota alemã poderia portanto
passar do Báltico ao Mar do Norte sem deixar o território nacional. Mas a saída do canal se encontrava ao
alcance dos canhões ingleses de Heligolândia. A aquisição desta ilhota revestia-se de grande importância para
a Alemanha. A queda de Bismarck em março de 1890
não interrompeu a negociação. O General von Caprivi,
que sucedeu ao Chanceler de Ferro, e que não apre-
ciava as colônias, assinou o tratado que em doze artigos
liquidava o litígio germano-britânico da época e anunciava um entendimento durável entre as duas potências.

Este tratado, que exige uma leitura atenta, é típico.
Todas as características do imperialismo colonial da
época se encontram nele. Os conhecimentos geográficos
sobre os quais ele se funda são amiúde duvidosos. Assim, o artigo primeiro deixava à Inglaterra os montes
Mfumbiro (Ruanda), cuja existência foi confirmada por
Stanley. Foram necessários quinze anos para constatar

que eles não existiam. Verificou-se, também, que o Rio del Rey, mencionado num acordo de delimitação de 1885 para separar Camarões da Nigéria, não era senão uma chanfradura da costa (art. IV, 2.º). Comissões mistas de delimitação e de retificações *in loco* desses limites, freqüentemente desenhados pelos meridianos e os paralelos, eram previstas (art. III e VI).

O ato definia duas esferas de influência na África Oriental. A Alemanha aí dominaria, de Rovuma a Umba e adquiriria a costa e a Ilha de Mafia graças à pressão que a Inglaterra exerceria nesse sentido sobre o *seyyid*. Ela cederia à Inglaterra todos seus direitos no Norte de Umba, evacuaria o Vitu, renunciaria a toda pretensão sobre Uganda e reconheceria um protetorado britânico em Zanzibar. Em troca dessas importantes concessões, a Inglaterra cederia Heligolândia. Na África Ocidental a estipulação mais importante foi a que previa o acesso dos alemães de Camarões e dos ingleses da Nigéria ao Tchad, ambos avançando a partir de Benué e comunicando um ao outro os tratados que seus agentes concluíssem entre Benué e o Tchad (art. V).

Na delimitação do Sudoeste africano, a Alemanha obtinha acesso ao Zambeze por um corredor de vinte milhas inglesas de largura, pelo menos. Este "dedo de Caprivi" separa hoje a Zâmbia do Botswana.

Mal acolhido pelos nacionalistas das duas potências, esse tratado satisfez aos governos. Privado de Uganda, que pretendia ter adquirido, Peters declarou: "nós trocamos três reinos por uma banheira". E, mais claramente, Stanley julgava que a Alemanha tinha dado "um terno novo por velhos botões de calções". A indignação dos nacionalistas alemães conduziu à fundação, em abril de 1891, em torno de Peters e de seus amigos, do jovem Dr. Alfred Hugenberg, do Prof. Ernest Hasse, que ensinava Política colonial na Universidade de Leipzig — da Liga Pangermânica Alemã. No programa de suas atividades figuravam a defesa do Germanismo (*Deutsches Volkstum*), a política mundial, a expansão colonial e, cada vez mais, o anti-semitismo.

Os governos, entretanto, se encontravam livres das iniciativas intempestivas de seus colonialistas. Caprivi podia considerar que os três reinados (Vitu, Uganda, Zanzibar) estavam ainda por conquistar ou por se organizar, enquanto que a "banheira" entrava imediatamente na casa alemã. E essa liquidação dos conflitos permitia que se esperasse uma próxima e duradoura ligação da Inglaterra ao sistema de alianças da Alemanha. Quanto aos ingleses, se alguns, como a própria Rainha Vitória, rejeitavam ceder um território britânico na Europa, e se os colonialistas se inquietavam de não terem obtido da Alemanha o corredor de ligação entre a Rodésia e Uganda, felicitavam-se por sua predominância sobre o Alto Nilo e sobre Zanzibar ter sido formalmente reconhecida. A Alemanha, desde então, não ameaçaria mais se envolver na questão do Egito. Restava a França.

O tratado franco-inglês de 5 de agosto de 1890

A França, responsável pela integridade de Zanzibar, não foi informada das negociações entre ingleses e alemães. O *seyyid,* por certo, podia aceitar livremente um protetorado estrangeiro sem que sua integridade fosse lesada. Mas por que não informara a França? Tendo o embaixador francês em Londres, Waddington, protestado, Salisbury respondeu que ele "se esquecera".

Ele propôs entabular negociações imediatas com a França, semelhantes àquelas tratadas com a Alemanha. Não teria sido seu esquecimento calculado para obrigar os franceses que a esse momento não sonhavam com isso, a um acordo, e a tentar conseguir deles o consentimento para a ocupação do Egito? Hesita-se em fazer tal afirmação, pois o primeiro resultado dessa negligência foi de exacerbar os nacionalistas de direita e de esquerda: desde que o texto do acordo fora revelado pelo Reichsanzeiger (17 de junho), a imprensa francesa exprimiu a humilhação da França "tratada como a República do Vale de Andorra" (Lockroy em *l'Intransigeant* de 21 de junho). Jornais tão moderados como *Le Temps* (19-20 de junho) e *La République Française* (22-23 de junho) acreditaram na existência de um acordo secreto sobre o Egito. *La Cocarde,* bulangista, chegou até a prever a adesão da Grã-Bretanha à Tríplice com a garantia de mãos livres para ela no

Egito e para a Itália na Tripolitânia. E todos declaram que a França tinha direito a compensações... [4]

Havia, aliás, um motivo de inquietação, que a grande imprensa não invocou, mas que alarmou aos especialistas: tratava-se da introdução da Alemanha no Lago Tchad. Harry Alis, pseudônimo de Hipólito Percher, cronista do *Journal des Débats* autor do livro *À la Conquête du Tchad* (1895), que ia ser um dos fundadores do Comitê da África Francesa, exprimiu bem essa apreensão numa página de seu relatório sobre a segunda expedição de Mizon a Benué em 1893: "Eis já longos anos, escreve ele, que a França luta para estabelecer sua influência na região do Tchad. Seus títulos são os mais sérios que já se produziram; ela já negociou com o Muri, com Adamua — e até aqui não temos conhecimento de outros tratados que lhe possam opor-se. Isso não impede à Inglaterra de reivindicar o Muri, Yola, Bornu, a margem do Tchad, sem mesmo nos consultar.

Mizon foi a Ngaundéré; Ponel negociou na região; nossos postos estão na Sangha; Maistre negociou na região do Chari. Não importa: os alemães que nem mesmo foram a esses países, proclamam: isso nos pertence. Nada é mais cômodo"[5].

O quarto gabinete Freycinet, formado em março de 1890, foi violentamente acusado na Câmara. O Ministro dos Negócios Estrangeiros, Ribot, era antes anglófilo e não se encantava mais pela África negra do que Waddington ou Salisbury. Ele buscou compensações — que os ingleses não julgavam devidas — no Egito, na Tunísia, onde a Grã-Bretanha gozava de favores alfandegários anteriores ao estabelecimento do protetorado francês, no Sudão. Foi finalmente no decorrer da delimitação de zonas de influência nessa região e em seguida a discussões muito acirradas que a França veio a assenhorar-se da junção entre suas possessões do Alto Níger e do Congo, pelo Tchad. Na troca de cartas de 5 de agosto, fez-se precisar que a França dominaria até uma linha traçada entre Say no Níger e Barrua no Tchad, e que além disso, em troca

---

(4) KENYA-FORSTNER, A. S. French African Policy and the Anglo French Agreement of 5 August 1890. *The Historical Journal*, 1969. t. XII, 4, pp. 628-50.

(5) ALIS, Harry. *Nos Africains*. Paris, 1898. 8.º, p. 493.

do reconhecimento do protetorado inglês em Zanzibar, ela teria influência em Madagáscar.

Ainda que os negociadores tenham sido enganados pelos falsos tratados que o presidente da *Royal Niger Company,* Goldie Taubman, invocou para reservar-se particularmente o rico sultanato de Sokoto[6], o tratado não era desfavorável à França. Ela havia conseguido recuar até Say o ponto de partida da linha de divisão, de início prevista em Burum, a 300 km mais ao norte, e isso devia permitir-lhe dominar o interior do anel do Nilo. Contrariamente ao que muitas vezes se escreveu, o Subsecretário das Colônias, Etienne, aprovou este acordo. Ele queria, apesar de Ribot mantê-lo afastado das negociações, e a hostilidade entre os dois homens explica provavelmente a formação, no decurso do outono, do Comitê da África Francesa. Esse último não protestou contra o tratado de agosto mas agrupou os ativistas e protegeu missões mais ou menos oficiosas encorajadas por Etienne que foi, conseqüentemente, um dos seus principais animadores.

O acordo de 5 de agosto manifesta características iguais ao tratado sobre Zanzibar[7]. Ele delimita zonas de influência nas regiões inexploradas, prevê comissões mistas para traçar a fronteira *in loco,* abstém-se da menor menção aos povos africanos. Foi completado por uma convenção franco-alemã de 4 de fevereiro de 1894 sobre a fronteira entre o Congo e os Camarões. As mesmas características aparecem nele: as partes entendem-se sobre o principal, confiando-se a comissões mistas o cuidado de corrigir erros em caso de ignorância geográfica: "No caso, prevê o artigo IV, em que o Rio Ngoko... não cortasse o segundo paralelo, a fronteira seguiria o Ngoko num comprimento de 35 km..." e o artigo V: "No caso em que o Chari, desde Gufel até sua embocadura no Tchad, se dividisse em vários braços, a fronteira seguiria a principal via navegável..." Finalmente, o artigo VII: "Os dois governos admitem que realizar-se-á, no futuro, a substituição progressiva das linhas ideais que serviram para determinar a fronteira, tal como ela se define pelo

---

(6) FLINT, J. E. *Sir George Goldie and the Making of Nigeria.* Londres, 1960. 8.º, p. 166.

(7) Cf. *infra,* "Documentos".

65

presente protocolo, — um traçado determinado pela configuração natural do terreno e balizado por pontos exatamente reconhecidos — tendo-se assim, em acordos que disporão a esse respeito, cuidado em não cumular de vantagens uma das duas partes sem compensação equitável para a outra".

O tratado franco-britânico de 8 de abril de 1904

Os acordos de 1890 tinham esboçado o mapa da África na época imperialista. Eles tinham assegurado o triunfo da noção de zona de influência. Tinham estreitado a ligação entre a política geral das potências e sua expansão na África. Cada vez mais os trabalhos das comissões de delimitação que mediam o continente foram dominados pelas relações diplomáticas entre os Estados europeus.

A questão mais difícil continuava entretanto a da rivalidade entre a França e a Inglaterra no Egito. Muito ineptamente, o governo francês acreditou poder obrigar a Inglaterra a resolvê-la, ao comprar por substanciais compensações o reconhecimento da predominância britânica, quando resolveu, em 1894, enviar uma missão a Bahr-el-Ghazal e ao Alto Nilo. O Capitão Marchand, que partiu do Congo em 1896, devia encontrar, no Nilo, outra missão confiada ao explorador Bonchamps. Esse último, partindo de Djibuti, teria realizado o grandioso projeto de reunir o Sudão francês a Djibuti, com a cumplicidade do Imperador da Abissínia, Ménélik. O autor do projeto era o enviado da França a Djibuti, Léonce de Lagarde. As duas missões foram diplomaticamente mal preparadas e sofreram atrasos consideráveis. O segredo foi mal guardado; a Inglaterra advertiu que se oporia a uma intervenção francesa no Nilo, e teve tempo de organizar, a partir do Egito, a reconquista do Sudão. A coluna de Marchand, após uma difícil escalada, atingiu Fachoda em julho de 1898. Bonchamps que chegara em janeiro a 150 km dessa região, esgotado e abandonado pelos abissínios, teve que empreender a volta. Entretanto, Kitchener, à frente de um grupo de 25 000 homens, derrotou os mahdistas em Ondurman em 2 de setembro e, encontrando-se com

66

Marchand em 19 de junho, declarou-lhe que tomava posse de Fachoda em nome do Egito.

Contrariamente ao que por muito tempo se afirmou com base em artigos de imprensa, os dois governos conservaram-se mais calmos que a opinião pública. As negociações culminaram com a convenção de 21 de março de 1899, que limitava as zonas de influência respectivas à linha de divisão das águas entre o Nilo e o Lago Tchad. Isso era um dano para a França, mas para salvar-lhe a dignidade, fez-se dessa convenção um artigo adicional ao acordo de 14 de junho de 1898, que fixava os limites norte do Daomé e da Costa do Ouro e retificava, em certos pontos, com vantagens para a França, a linha Say-Barrua.

Foi a rivalidade naval entre a Inglaterra e a Alemanha que finalmente possibilitou o acerto de todos os conflitos coloniais entre a França e a Inglaterra. Os objetivos da França com relação ao Marrocos iam aliás fornecer uma ampla compensação ao abandono de suas pretensões sobre o Egito. E uma vez mais o tratado de 8 de abril de 1904 ligou, pelo jogo das compensações, a sorte dos territórios africanos à de outros continentes. O tratado resolveu três problemas por compromissos: o primeiro, sobre a bacia do Menam na Indochina, as alfândegas de Madagáscar e o estatuto das Novas Hébridas. Pelo segundo, a França renunciava a seus privilégios de pesca na costa ocidental da Terra Nova, recebia as ilhas de Los, em plena Guiné, obtinha retificações das fronteiras entre o Senegal e Gâmbia e no Norte do Daomé. A comunicação por água era-lhe também assegurada pela região do Chari no Tchad[8]. Finalmente, uma "declaração" reconhecia os direitos eminentes da França sobre o Marrocos e da Inglaterra sobre o Egito.

No Sul do Congo, os ingleses opuseram-se aos portugueses. Esses últimos, constantemente importunados por crises financeiras, tentaram muito tarde impedir o progresso da Companhia da África do Sul em direção ao norte. Seu esforço para reunir Angola a Moçambique foi brutalmente freado pelo ultimato de 11 de janeiro de 1890 que lhe ordenou evacuar a região do Shiré. Após essa humilhação, de que Salis-

(8) Cf. *infra*, "Documentos", p. 102.

bury tinha conseguido livrar-se, a convenção de 20 de agosto levou a cabo a divisão.

Sempre incitados à ação pelos déficits portugueses, e desejosos de controlar a estrada de ferro de Lourenço Marques ao Transvaal, ingleses e alemães, afirmando sempre a integridade das colônias portuguesas, assinaram em 30 de agosto de 1893 acordos secretos: caso Portugal não pudesse mais assumir a administração de seu império, este seria repartido entre os contratantes, com exclusão de uma terceira potência (a França). O porto de Ambriz (Congo) seria reservado à Alemanha. A guerra dos bôeres, o esfriamento das relações entre a Inglaterra e a Alemanha e a Primeira Guerra Mundial impediram a realização desses projetos[9]. A única modificação importante para o mapa da África colonial foi o compromisso de 4 de novembro de 1911 pelo qual a França, em troca do reconhecimento de seu protetorado no Marrocos, cedia à Alemanha um pedaço de seu território congolês no Sul dos Camarões e dois enclaves que, assegurando as comunicações entre os Camarões e os rios do Congo e de Ubangui, interrompiam a continuidade de seu território congolês.

Estes enclaves desapareceram quando, após a Primeira Guerra Mundial, a Alemanha foi privada de suas colônias. Elas foram colocadas sob mandato judicial da Sociedade das Nações, em proveito da Bélgica (Ruanda-Burundi), da Inglaterra (África Oriental, desde então denominada Tanganica), da União Sul-Africana (Sudoeste Africano). O Togo e os Camarões foram divididos entre a França e a Inglaterra.

O que resta dessa divisão? Se compararmos o mapa da África colonizada de 1918 ao da África livre contemporânea, as mudanças nos parecem, ao primeiro encontro, mínimas. As fronteiras artificiais dos colonizadores, traçadas arbitrariamente, sob o império de preocupações com freqüência estranhas à África, e fazendo aí intervir o princípio das compensações que ressaltou mais o nacionalismo europeu que as realidades africanas, viriam portanto a se consolidar. A Gâmbia livre não se associa mais com facilidade ao Senegal inde-

---

(9) HANNAH, A. J. *The Beginnings of Nyassaland and North Eastern Rhodesia 1859-1895.* Oxford, 1956. 8.º, p. 147 e s.
HAMMOND, R. J. *Portugal and Africa 1815-1910.* Stanford, 1966, 8.º. p. 166 e s. e 253 e s.

pendente como no tempo das negociações a esse respeito entre a França e a Inglaterra. O enclave espanhol do Rio Mundi constitui-se num Estado independente de preferência a juntar-se com o Gabão ou com os Camarões, apesar das afinidades entre as populações. Mas esta não é uma apreciação superficial? Não se deve também lembrar que a África negra sempre hesitou entre duas tendências opostas, uma centrípeta e outra centrífuga? Impérios como o sudanês, o monomotapa, o abissínio, reuniram e organizaram amplos territórios e se dispersaram sob a pressão de etnias rivais muito antes da intervenção dos imperialistas europeus. E, se após a descolonização, numerosas etnias reclamam sua independência e não hesitam, como recentemente os ibos de Biafra, em sacrificar suas vidas por esse ideal, reagrupamentos se verificam também, como por exemplo na Tanzânia, onde Zanzibar tornou a encontrar uma parte de seu antigo domínio continental.

A evolução geral das técnicas e da economia mundial assegurarão certamente num futuro remoto o triunfo da tendência centrípeta. Ela o teria também estimulado sem a mediação do imperialismo.

As partilhas só teriam acelerado o progresso da história a curto prazo, na via traçada pela conjuntura a longo prazo? Provavelmente não, pois o fato mais notável é que as modificações das fronteiras entre estados descolonizados operaram-se principalmente no interior das zonas lingüísticas criadas pelo colonizador. As exceções do Togo ou dos Camarões se explicam pela proscrição da língua estrangeira — alemã — após 1918.

A introdução não somente de línguas, mas também de culturas, de comportamentos estrangeiros, parece portanto ter justificado e consolidado tardiamente a divisão imperialista. A multiplicidade das línguas africanas — calcula-se mais ou menos em 1 200 — favorece o desenvolvimento do francês, do inglês ou do português na maioria dos Estados onde a preferência concedida a uma das línguas africanas, tal como a wolof no Senegal, reforçaria a oposição centrífuga das etnias não privilegiadas. As línguas ocidentais são, por outro lado, indispensáveis para a aquisição das técnicas de desenvolvimento, e se imporão até o término da industrialização do continente. É possível que um dia as línguas mais divulgadas — o haussá, o peul, o swahili etc. — dominem em Estados de limites inteiramente novos, e que possam englobar territórios onde atualmente predominam o francês, o inglês ou o português. Mas para o presente e para o futuro próximo, os limites das grandes zonas onde se destacam essas línguas parecem singularmente firmados. No momento em que correspondem às fronteiras dos Estados descolonizados, eles separam realmente dois mundos diferentes. Estes perpetuam, certamente, as antigas esferas de influência e representam o mais durável legado da partilha imperialista. No interior dessas grandes zonas, as fronteiras foram e serão talvez ainda deslocadas, na medida das circunstâncias e segundo o jogo das tendências centrífugas e centrípetas.

CONCLUSÃO

A partilha da África é um assunto delicado. A atualidade forjou o mito dos europeus, ávidos e sem escrúpulos, reunidos em torno do pano verde para trinchar o continente negro. As melhores inteligências falam, hoje em dia, da "divisão de Berlim", como se a colonização não tivesse começado bem antes de 1885, e como se o espírito da Conferência de Berlim não tivesse sido contrário a uma divisão acelerada.

Nós tentamos demonstrar:

1. Que o verdadeiro imperialismo divisor data na realidade da generalização, após 1890, da noção de *esfera de influência*, que era contrária à noção de *ocupação efetiva* definida pela Conferência de Berlim, e que apareceu pela primeira vez na África negra no tratado germano-britânico de 29 de abril de 1885 sobre o Golfo de Biafra.

2. Que a expansão colonial na África foi sempre, aos olhos das chancelarias, uma questão secundária, subordinada ao jogo das alianças e das rivalidades na Europa.

3. Que a aceleração da divisão foi função dos nacionalismos e do progresso técnico na Europa. Os projetos de construção de vias férreas, em particular de transsaarianos franceses para o Níger e para o Tchad, e do Cabo-Cairo inglês, figuram incontestavelmente en-

71

tre os detonadores da "explosão colonial" dos anos de 1890-1904. Juntou-se a isso o cuidado de assegurar à grande indústria em pleno desenvolvimento, mercados que, no futuro, poderiam lhe fazer falta. Essa aceleração, entretanto, freou-se por si própria. Se fosse efetivamente fácil repartir o continente em porções, segundo os meridianos, os paralelos ou o curso presumível dos rios, a assimilação desses despojos exigiria uma lenta prospecção e a aplicação de capitais que não atingiriam quase nunca o nível necessário a uma real valorização. Daí o jogo extensamente complexo das comissões de delimitação e das organizações e reorganizações administrativas que prosseguiu durante vários decênios.

O caráter mais notável dessa história, que é mais européia que africana, é o sentimento moral que ela engendrou em um e em outro. Aos olhos dos africanos, que se queixam com razão de terem sido privados de sua liberdade, este episódio aparentemente banal de uma conquista e de uma dominação estrangeira criou um direito a reparação: já que a Europa impôs à África sua civilização, ela lhe deve fornecer meios para seu desenvolvimento. Tornados livres, os africanos continuam a censurar às antigas metrópoles seu imperialismo. Eles sabem, entretanto, que sua derrota foi uma vitória das técnicas européias. Senhores de seu destino, eles buscam apropriar-se dessas técnicas e não restaurar um passado que ornam com todas as virtudes. Eles se desenvolvem a passos largos sobre as vias traçadas pela colonização e fazem, com mais decisão e energia, mas principalmente sob seu controle e para seu proveito, o que acusam o colonizador de ter feito.

Quanto a esse último, curiosamente, ele reconhece a culpa. Sente-se culpado, aceita a condenação e reconhece o direito à reparação. Esta humildade que se buscaria em vão nos inúmeros exemplos de conquistas de que a História é pródiga, resulta certamente da persistência, no Ocidente do mito do bom selvagem. A nostalgia do paraíso perdido mantido pelo Cristianismo, a reação do indivíduo ocidental contra as coações sociais, todavia bem menos severas que entre os povos qualificados de "primitivos", sua revolta recente contra os imperativos constantemente renovados do progresso técnico, o fazem sonhar com uma vida ajustada ao rit-

72

mo lento dos trabalhos e dos dias. As campanhas humanitárias do século XIX, o interesse testemunhado pelos etnólogos do século XX com relação aos usos e costumes das sociedades pré-industrializadas, confirmaram essa atitude.

Entretanto, negros e brancos, privando-se voluntariamente dessas quimeras, bem sabem que a evolução da humanidade é função do progresso científico e técnico; e este lhes permite dominar essa Natureza, de cuja cega tirania eles parecem saudosos.

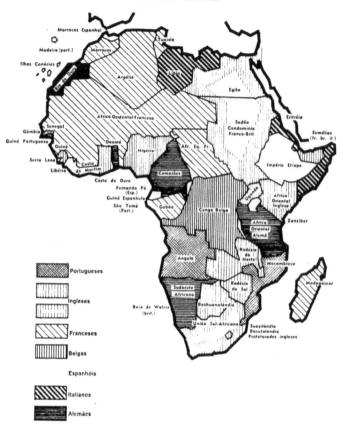

SEGUNDA PARTE:

**ELEMENTOS DO DOSSIÊ E
ESTADO DA QUESTÃO**

Documentos

1. Tratado de 19 de fevereiro de 1842 entre a França e o Rei Peter de Grand Bassam.
2. Ata geral da Conferência de Berlim. (26 de fevereiro de 1885.)
3. Acordo anglo-alemão de 1.º de julho de 1890 [1].
4. Troca de cartas franco-britânica de 5 de agosto de 1890.
5. Declaração franco-britânica de 21 de março de 1899 delimitando as zonas de influência respectivas, depois de Fachoda.
6. Convenção franco-britânica de 8 de abril de 1904.

Documento 1:

TRATADO DE 19 DE FEVEREIRO DE 1842 COM O REI PETER DE GRAND BASSAM [2].

O Rei Peter e os chefes Quachi e Wuaka, considerando que é de seu interesse estabelecer relações comerciais com um povo rico e bom, e organizar-se sob a soberania de seu poderoso monarca, instituem diante de testemunhas subscritas os artigos do tratado que se segue, assinado por Charles-Philippe de Ker-

(1) Texto original em inglês.

(2) Arquivos dos Negócios Estrangeiros, *Mémoires et documents, Afrique*, 51.

hallet, Primeiro-tenente da Marinha, Comandante do brigue-canhoneira *L' Alouette*, e Alphonse Fleuriot de Langle, Primeiro-Tenente da Marinha, Comandante do brigue-canhoneira *La Malouine*, operando em nome de Edouard Bouet, Capitão de Corveta, Comandante da estação das costas ocidentais da África, e por conseguinte em nome de S. M. Luís Filipe I, Rei dos franceses, seu soberano.

Artigo 1. — A plena soberania do país e do Rio de Grand Bassam é concedida ao Rei dos franceses; os franceses terão portanto sozinhos o direito de aí arvorar seu pavilhão e de aí fazer todas as construções e fortificações que julgarem úteis ou necessárias, comprando as terras dos proprietários atuais.

Nenhuma outra nação poderá estabelecer-se aí em razão da soberania concedida ao Rei dos franceses.

Artigo 2. — O Rei Peter e os chefes Quachi e Wuaka cedem igualmente duas milhas quadradas de terras, quer seja nas margens do rio, quer na praia, uma milha em cada um destes locais.

Artigo 3. — Em troca dessas concessões, será outorgada ao Rei e a seu povo a proteção dos navios de guerra franceses. Ademais, será pago ao Rei, quando da ratificação do tratado, o seguinte:

10 peças de tecidos sortidos,
5 barris de pólvora de 25 libras,
10 fuzis de um tiro,
1 saco de tabaco,
1 barril de aguardente,
5 chapéus brancos,
1 guarda-sol,
2 espelhos,
1 realejo.

Os chefes Quachi e Wuaka receberão a metade dos presentes concedidos ao Rei Peter.

Quando da tomada de posse das duas milhas quadradas concedidas, será pago um valor igual, o qual o Rei dividirá com os proprietários atuais da referida terra, conforme convenção estabelecida entre eles.

Artigo 4. — Fica bem entendido que a pacífica navegação e freqüências do rio e de todos os afluentes são asseguradas aos franceses de agora em diante, assim como o tráfego livre de todos os produtos, tanto os do país como os que são trazidos do interior.

O Rei e toda a população sob suas ordens se comprometem, portanto, a se conduzir de boa fé com relação aos franceses, respeitando suas pessoas, propriedades ou mercadorias. Assim, um presente anual facultativo será outorgado ao Rei pelo governo ou pelas partes contratantes como recompensa.

Artigo 5. — Se algumas desavenças surgirem entre as partes contratantes e os nativos, devem ser solucionadas pelo comandante do primeiro navio de guerra que chegar ao país, o qual deve fazer justiça aos culpados não importa a que lado pertençam.

Artigo 6. — Os navios de comércio serão respeitados e protegidos. Eles não serão de nenhuma maneira perturbados em suas relações comerciais ou outras; se um deles naufragasse, conceder-se-ia um terço dos objetos recuperados aos nativos que tivessem cooperado no salvamento.

Artigo 7. — O presente tratado vigorará a partir de hoje quanto à soberania estipulada; do contrário os signatários exporiam seu país aos rigores da guerra que nesse caso lhes fariam os navios de guerra franceses.

Quanto ao pagamento das mercadorias de trocas, realizar-se-á, como diz o artigo 3, após a ratificação do tratado pelo Rei dos franceses.

O dito tratado, lido e relido ao Rei, em francês e em inglês, foi feito em duas vias e de boa fé por nós, no ancoradouro do Grand Bassam em 19 de fevereiro de 1842 a bordo de *L'Alouette*.

Primeiro-Tenente de Marinha	Primeiro-Tenente de Marinha
Comandante de *L'Alouette*	Comandante de *La Malouine*
Kerhallet	Fleuriot
	Peter
Capitão de longo curso	Quachi
Comandante do brigue de	Wuaka
Marselha, *L'Aigle*	
Assinado Provençal	
(como testemunha)	

Visto e aprovado,
o Capitão de Corveta
Comandante da estação das costas ocidentais da África. *Bouët*

Documento 2:

ATA GERAL REDIGIDA EM BERLIM EM 26 DE FEVEREIRO DE 1885 entre a França, a Alemanha, a Áustria-Hungria, a Bélgica, a Dinamarca, a Espanha, os Estados Unidos, a Grã-Bretanha, a Itália, os Países Baixos, Portugal, a Rússia, a Suécia, a Noruega e a Turquia, para regulamentar a liberdade do comércio nas bacias do Congo e do Níger, assim como novas ocupações de territórios sobre a costa ocidental da África.

Em nome de Deus Todo-Poderoso,

S. M. Imperador da Alemanha, Rei da Prússia; S. M. Imperador da Áustria, Rei da Boêmia etc., e Rei apostólico da Hungria; S. M. Rei dos Belgas; S. M. Rei da Dinamarca; S. M. Rei da Espanha; o Presidente dos Estados Unidos da América; o Presidente da República Francesa; S. M. Rainha do Reino Unido da Grã-Bretanha e da Irlanda, Imperatriz das Índias; S. M. Rei da Itália; S. M. Rei dos Países Baixos, Grão-Duque de Luxemburgo etc.; e S.M. Rei de Portugal e de Algarves etc.; S. M. Imperador de todas as Rússias; S. M. Rei da Suécia e Noruega etc.; e S. M. Imperador dos Otomanos.

Querendo regular num espírito de boa compreensão mútua as condições mais favoráveis ao desenvolvimento do comércio e da civilização em certas regiões da África, e assegurar a todos os povos as vantagens da livre navegação sobre os dois principais rios africanos que se lançam no Oceano Atlântico; desejosos, por outro lado, de prevenir os mal-entendidos e as contestações que poderiam originar, no futuro, as novas tomadas de posse nas costas da África, e preocupados ao mesmo tempo com os meios de crescimentos do bem-estar moral e material das populações aborígines, resolveram sob convite que lhes enviou o Governo Imperial Alemão, em concordância com o Governo da República Francesa, reunir para este fim uma Conferência em Berlim, nomeando para seus plenipotenciários, a saber:

S. M. Imperador da Alemanha, Rei da Prússia: Othon, Príncipe de Bismarck, seu Presidente do Conselho dos Ministros da Prússia, Chanceler do Império; Paul, Conde de Hatzfeldt, seu Ministro de Estado e Secretário de Estado no Departamento de Negócios Estrangeiros; Augusto Busch, seu atual Conselheiro Íntimo de Legação e Subsecretário de Estado no Departamento dos Negócios Estrangeiros; e Henri de Kusserow, seu Conselheiro Íntimo de Legação no Departamento dos Negócios Estrangeiros;

S. M. Imperador da Áustria, Rei da Boêmia etc., e Rei apostólico da Hungria: Emeric, Conde Széchényi, de Sàrvàri-Felso-Videk, Camareiro e Conselheiro Íntimo atual, seu Embaixador Extraordinário e Plenipotenciário junto a S. M. Imperador da Alemanha, Rei da Prússia;

S. M. Rei dos Belgas: Gabriel Augusto, Conde Van der Straten-Ponthoz, seu Enviado Extraordinário e Ministro Plenipotenciário junto a S. M. Imperador da Alemanha, Rei da Prússia; e Augusto, Barão Lambermont, Ministro de Estado, seu Enviado Extraordinário e Ministro Plenipotenciário;

S. M. Rei da Dinamarca; Emílio de Vind, Camareiro, seu Enviado Extraordinário e Ministro Plenipotenciário junto a S. M. Imperador da Alemanha, Rei da Prússia;

S. M. Rei da Espanha: Don Francisco Merry y Colom, Conde de Bonomar, seu Enviado Extraordinário e Ministro Plenipotenciário junto a S. M. Imperador da Alemanha, Rei da Prússia;

O Presidente dos Estados Unidos da América: John A. Kasson, Enviado Extraordinário e Ministro Plenipotenciário dos Estados Unidos da América junto a S. M. Imperador da Alemanha, Rei da Prússia; e Henry S. Sanford, antigo Ministro;

O Presidente da República Francesa: Afonso, Barão de Courcel, Embaixador Extraordinário e Plenipotenciário da França junto a S. M. Imperador da Alemanha, Rei da Prússia;

S. M. Rainha do Reino Unido da Grã-Bretanha e da Irlanda, Imperatriz das Índias: Sir Edward Baldwin Malet, seu Embaixador Extraordinário e Plenipotenciário junto a S. M. Imperador da Alemanha, Rei da Prússia;

S. M. Rei da Itália: Edouard, Conde de Launay, seu Embaixador e Plenipotenciário junto a S. M. Imperador da Alemanha, Rei da Prússia;

S. M. Rei dos Países Baixos, Grão-Duque de Luxemburgo etc.: Frederico Filipe, Jonkear Van der Haeven, seu Enviado

79

Extraordinário e Ministro Plenipotenciário junto a S. M. Imperador da Alemanha, Rei da Prússia;

S. M. Rei de Portugal e de Algarves etc.: Da Serra Gomes, Marquês de Penafiel, Par do Reino, seu Enviado Extraordinário e Ministro Plenipotenciário junto a S. M. Imperador da Alemanha, Rei da Prússia; e Antônio de Serpa Pimentel, Conselheiro de Estado e Par do Reino.

S. M. Imperador de todas as Rússias: Pierre, Conde Kapnist, Conselheiro particular, seu Enviado Extraordinário e Ministro Plenipotenciário junto a S. M. Rei dos Países Baixos;

S. M. Rei da Suécia e da Noruega etc.; Gillis, Barão Bildt, Tenente-General, seu Enviado Extraordinário e Ministro Plenipotenciário junto a S. M. Imperador da Alemanha, Rei da Prússia;

S. M. Imperador dos Otomanos: Mehmed Said Pacha, Vizir e Alto Dignitário, seu Embaixador Extraordinário e Plenipotenciário junto a S. M. Imperador da Alemanha, Rei da Prússia.

Os mesmos, munidos de plenos poderes julgados de boa e devida forma, sucessivamente discutiram e adotaram:

1.º Uma Declaração referente à liberdade do comércio na Bacia do Congo, em suas embocaduras e países circunvizinhos, com algumas disposições conexas;

2.º Uma Declaração concernente ao tráfico dos escravos e às operações que, por terra ou por mar, forneçam escravos para tráfico.

3.º Uma Declaração referente à neutralidade dos territórios compreendidos na bacia convencional do Congo;

4.º Uma Ata de Navegação do Congo, que levando em conta circunstâncias locais estende a esse rio, e seus afluentes e às águas que lhes são assimiladas os princípios gerais enunciados nos artigos 108 e 116 da Ata final do Congresso de Viena e destinados a regular entre as Potências signatárias dessa Ata, a livre navegação dos cursos de água navegáveis que separam ou atravessam vários Estados, princípios convencionalmente aplicados depois a rios da Europa e da América, e notadamente ao Danúbio, com as modificações previstas pelos tratados de Paris de 1856, de Berlim de 1878, e de Londres de 1871 e de 1883;

5.º Uma Ata de Navegação do Níger que, tomando-se igualmente em conta as circunstâncias locais, estende a esse rio e a seus afluentes os mesmos princípios inscritos nos artigos 108 a 116 da Ata final do Congresso de Viena;

6.º Uma Declaração introduzindo nos relatórios internacionais, regras uniformes referentes às ocupações que poderão no futuro realizar-se nas costas do continente africano.

E tendo-se considerado que esses diferentes documentos poderiam ser utilmente coordenados num só instrumento, reuniu-se-os em uma Ata geral composta dos seguintes artigos:

Capítulo I. — *Declaração referente à liberdade de comércio na bacia do Congo, suas embocaduras e regiões circunvizinhas, e disposições conexas.*

Artigo 1. — O comércio de todas as nações gozará de completa liberdade:

1.º Em todos os territórios que constituem a Bacia do Congo e de seus afluentes. A bacia é delimitada pelas cristas das bacias contíguas, a saber: as bacias do Niari, do Ogowé, do Shari e do Nilo, ao norte; pela linha de remate oriental dos afluentes do Lago Tanganica, a leste; pelas cristas das bacias do Zambeze e do Logé, ao sul. Ele inclui conseqüentemente todos os territórios drenados pelo Congo e seus afluentes, inclusive o Lago Tanganica e seus tributários orientais;

2.º Na zona marítima que se estende para o Oceano Atlântico a partir do paralelo situado a 2º 30' de latitude sul até a embocadura do Logé.

O limite setentrional seguirá o paralelo situado a 2º 30' a partir da costa até o ponto onde ele encontra a bacia geográfica do Congo, evitando-se a bacia do Ogowé, à qual não se aplicam as estipulações do presente ato.

O limite meridional seguirá o curso do Logé até a nascente deste rio e se dirigirá daí para o leste até a junção com a bacia geográfica do Congo;

3.º Na zona que se prolonga a leste da Bacia do Congo, tal como ele é limitado acima, até o Oceano Índico, a partir do quinto grau de latitude norte até à embocadura do Zambeze ao sul; desse ponto a linha de demarcação seguirá o Zambeze até cinco milhas para cima do confluente do Shiré e continuará pela linha de remate separando as águas que correm para o Lago Niassa das águas tributárias do Zambeze, para enfim reencontrar a linha de divisão das águas do Zambeze e do Congo.

Fica expressamente esclarecido que, estendendo a essa zona oriental o princípio da liberdade comercial, as Potências representadas na Conferência só se comprometem a isso por si próprias e que este princípio não se aplicará aos territórios pertencentes atualmente a algum Estado independente e soberano a menos que este lhes dê consentimento para tanto. As Potências concordam em empregar seus bons ofícios junto aos governos estabelecidos no litoral africano do Mar das Índias a fim de obter o dito consentimento e, em todo caso, de assegurar a franquia de todas as nações às condições mais favoráveis.

Artigo 2. — Todos os pavilhões, sem distinção de nacionalidade, terão livre acesso a todo o litoral dos territórios enumerados acima, aos rios que aí se lançam no mar, a todas as águas do Congo e de seus afluentes, inclusive aos lagos, a todos os portos situados nas margens dessas águas, assim como a todos os canais que possam futuramente ser abertos com a finalidade de ligar entre eles os cursos das águas ou os lagos compreendidos em toda a extensão dos territórios descritos no artigo 1.º. Eles poderão realizar qualquer espécie de transporte e exercer a navegação costeira fluvial e marítima, assim como toda a navegação fluvial em pé de igualdade com os nacionais.

Artigo 3. — As mercadorias de qualquer proveniência importadas para esse território, sob não importa qual pavilhão, por via marítima ou fluvial, ou por via térrea, não terão de pagar outras taxas que não sejam as que poderiam ser percebidas como eqüitativa compensação de despesas úteis para o comércio e que, por essa razão, deverão ser igualmente suportadas pelos nacionais e pelos estrangeiros de qualquer nacionalidade.

Todo tratamento diferente com relação aos navios como às mercadorias é proibido.

Artigo 4. — As mercadorias importadas para esses territórios terão livre direito de entrada e de trânsito.

As Potências se reservam o direito de decidir, ao cabo de um período de vinte anos, se a franquia de entrada será ou não mantida.

Artigo 5. — Qualquer potência que exerça ou venha a exercer direitos de soberania nos territórios acima indicados não poderá conceder nem monopólio nem privilégio de nenhuma espécie em matéria comercial.

Os estrangeiros gozarão indistintamente, quanto à proteção de suas pessoas e de seus bens, da aquisição e da transmissão de suas propriedades mobiliárias e imobiliárias, e quanto ao exercício das profissões, do mesmo tratamento e dos mesmos direitos que os nacionais.

Artigo 6. — Disposições relativas à proteção dos aborígines, dos missionários e dos viajantes, assim como à liberdade religiosa. Todas as Potências que exercem direitos de soberania ou uma influência nos referidos territórios, comprometem-se a velar pela conservação das populações aborígines e pela melhoria de suas condições morais e materiais de existência e em cooperar na supressão da escravatura e principalmente no tráfico dos negros; elas protegerão e favorecerão, sem distinção de nacionalidade ou de culto, todas as instituições e empresas religiosas, científicas ou de caridade, criadas e organizadas para esses fins ou que tendam a instruir os indígenas e a lhes. fazer compreender e apreciar as vantagens da civilização.

Os missionários cristãos, os sábios, os exploradores, suas escoltas, haveres e acompanhantes serão igualmente objeto de proteção especial.

A liberdade de consciência e tolerância religiosa são expressamente garantidas aos aborígines como aos nacionais e aos estrangeiros. O livre e público exercício de todos os cultos, o direito de erigir edifícios religiosos e de organizar missões pertencentes a qualquer culto não serão submetidos a nenhuma restrição nem entrave.

Artigo 7. — Sistema Postal. A Convenção da União Postal Universal, revista em Paris a 1.º de junho de 1878, será aplicada na bacia convencional do Congo.

As Potências que aí exerçam ou venham a exercer direitos de soberania ou de protetorado se comprometem a tomar, tão logo as circunstâncias o permitam, as medidas necessárias para a execução da disposição que precede.

Artigo 8. — Direito de fiscalização atribuído à Comissão Internacional do Congo. Em todas as partes do território abrangido pela presente Declaração em que nenhuma potência exerça direitos de soberania ou de protetorado, a Comissão Internacional de Navegação do Congo, instituída em virtude do artigo 17, será encarregada de fiscalizar a aplicação dos princípios proclamados e consagrados por esta Declaração.

82

Para todos os casos em que dificuldades referentes à aplicação dos princípios estabelecidos pela presente Declaração vierem a surgir, os governos interessados poderão convir em fazer apelo aos bons ofícios da Comissão Internacional, confiando-lhe o exame dos fatos que deram lugar a essas dificuldades.

Capítulo II. — *Declaração concernente ao tráfico dos escravos.*

Artigo 9. — Em conformidade com os princípios dos direitos dos indivíduos tal como eles são reconhecidos pelas Potências signatárias, estando proibido o tráfico dos escravos, e devendo igualmente as operações que, por mar ou por terra, forneçam escravos para o tráfico ser consideradas como proibidas, as Potências que exercem ou que vierem a exercer direitos de soberania ou uma influência nos territórios que formam a bacia convencional do Congo, declaram que esses territórios não poderão servir nem de mercado nem de via de trânsito para o tráfico dos escravos de qualquer raça. Cada uma das Potências se compromete a empregar todos os meios disponíveis para pôr fim a esse comércio e para punir aqueles que dele se ocupam.

Capítulo III. — *Declaração referente à neutralidade dos territórios compreendidos na bacia convencional do Congo.*

Artigo 10. — A fim de fornecer uma nova garantia de segurança ao comércio e à indústria e de favorecer, pela manutenção da paz, o desenvolvimento da civilização nas regiões mencionadas no artigo 1.º e colocadas sob o regime da liberdade comercial, as Grandes Partes signatárias da presente Ata e as que posteriormente vierem a aderir a ela, se comprometem a respeitar a neutralidade dos territórios ou partes de territórios dependentes das referidas regiões, inclusive as águas territoriais, até o tempo em que as Potências que exercem ou que vierem a exercer direitos de soberania ou de protetorado sobre esses territórios, usando da faculdade de se proclamarem neutras, preencham os deveres que a neutralidade comporta.

Artigo 11. — Caso uma Potência que exerça direitos de soberania ou de protetorado nas regiões mencionadas no artigo 1.º e colocados sob o regime de liberdade comercial, for implicada numa guerra, as Grandes Partes signatárias da presente Ata e as que vierem posteriormente a aderir a ela, se comprometem a: prestar seus bons serviços para que os territórios pertencentes a essa Potência e compreendidos na zona convencional de liberdade comercial sejam colocados, durante a guerra, com o consentimento unânime dessa e da outra Potência, ou das outras partes beligerantes, sob regime de neutralidade e sejam consideradas como pertencentes a um Estado não beligerante; as partes beligerantes renunciariam desde então a estender as hostilidades aos territórios dessa maneira neutralizados, como também a fazê-los servir de base para operações de guerra.

83

Artigo 12. — Caso um desentendimento sério, nascido do assunto ou dos limites dos territórios mencionados no artigo 1.º e colocados sob o regime da liberdade comercial, vier a surgir entre as Potências signatárias da presente Ata ou Potências que, a seguir, a ela aderirem, essas Potências se comprometem, antes do apelo às armas, a recorrer à mediação de uma ou de várias Potências amigas.

No mesmo caso, as mesmas Potências se reservam o recurso facultativo ao procedimento da arbitragem.

Capítulo IV. — *Ata de Navegação do Congo.*

Artigo 13. — A navegação do Congo, sem exceção de qualquer das ramificações saídas desse rio, é e permanecerá inteiramente livre para os navios comerciais, com carregamentos ou não, de todas as nações, tanto para o transporte das mercadorias como para o de passageiros. Deverá conformar-se às disposições da presente Ata de navegação e às regulamentações a serem estabelecidas na execução da mesma Ata.

Na prática dessa navegação, os indivíduos e os pavilhões de todas as nações serão considerados, sob todos os aspectos, num nível de uma perfeita igualdade, tanto para a navegação direta em pleno mar para os portos interiores do Congo, e vice-versa, como para a grande e pequena cabotagem, e ainda para o conjunto dos navios no percurso desse rio.

Em conseqüência, nos persursos e nas embocaduras do Congo, não se fará nenhuma distinção entre os indivíduos dos Estados ribeirinhos e os dos não-ribeirinhos, e não será concedido nenhum privilégio exclusivo de navegação a quaisquer sociedades ou corporações, ou a particulares.

Essas disposições são reconhecidas pelas Potências signatárias como parte, a partir de agora, do direito público internacional.

Artigo 14. — A navegação do Congo não poderá sujeitar-se a nenhum entrave ou encargo que não estejam exatamente estipulados no presente ato. Ela não será sobrecarregada de nenhuma obrigação de escala, de etapa, de depósito, de violação de carga ou de retenção forçada.

Em toda a extensão do Congo, os navios e as mercadorias que transitam no rio não serão submetidos a nenhum direito de trânsito, qualquer que seja sua proveniência ou sua destinação.

Não será estabelecido nenhum tributo marítimo nem fluvial baseado no ato único da navegação, nem nenhum direito sobre as mercadorias que se encontrem a bordo dos navios. Só poderão ser recebidas taxas ou direitos que tiverem o caráter de retribuição por serviços prestados à navegação, a saber:

1.º Taxas de porto pela utilização efetiva de certos estabelecimentos locais como cais, armazéns etc.

A tarifa dessas taxas será calculada sobre as despesas de construção e de manutenção dos referidos estabelecimentos locais, e a aplicação se realizará sem levar em conta a proveniência dos navios ou de suas cargas;

2.º Direitos de pilotagem nas seções fluviais onde parecer necessário criar estações de pilotos especialistas.

A tarifa desses direitos será fixa e apropriada ao serviço prestado;

3.º Direitos destinados a cobrir as despesas técnicas e administrativas arcadas no interesse geral da navegação, inclusive os direitos de farol, de fanal e de balizagem.

Os direitos dessa última categoria serão baseados na tonelagem dos navios tal como consta dos papéis de bordo e conforme as regras adotadas para o baixo Danúbio.

As tarifas segundo as quais as taxas e direitos enumerados nos três parágrafos precedentes serão recolhidas não comportarão nenhum tratamento diferencial e deverão ser oficialmente publicadas em cada porto.

As Potências se reservam o direito de examinar, no fim de um período de cinco anos, se se devem rever, de comum acordo, as tarifas acima mencionadas.

Artigo 15. — Os afluentes do Congo serão, em todos os aspectos, submetidos ao mesmo regime que o rio de que são tributários.

O mesmo regime será aplicado aos rios e ribeiras assim como aos lagos e canais dos territórios determinados pelo artigo 1.º, parágrafos 2 e 3.

Todavia, as atribuições da Comissão Internacional do Congo não se estenderão sobre os ditos rios, ribeiras, lagos e canais, salvo com o consentimento dos Estados sob a soberania dos quais estão colocados. Fica bem entendido que para os territórios mencionados no artigo 1.º parágrafo 3, permanece reservado o consentimento dos Estados soberanos de quem esses territórios dependem.

Artigo 16. — As estradas, vias férreas ou canais laterais que puderem ser estabelecidos com o fim especial de suprir a inavegabilidade ou as imperfeições da via fluvial sobre certos pontos do percurso do Congo, de seus afluentes e de outros cursos d'água que lhes são reunidos pelo artigo 15, serão considerados, em sua qualidade de meios de comunicação, como dependências desse rio e serão igualmente abertos ao tráfego de todas as nações.

Da mesma forma que no rio, só se poderá cobrar pedágios nestas estradas, vias férreas e canais, se calculados sobre as despesas de construção, de manutenção e de administração, e sobre os lucros pagos aos empreiteiros.

Quanto às taxas de pedágio, os estrangeiros e os nacionais dos respectivos territórios serão tratados em nível de perfeita igualdade.

Artigo 17. — Instituiu-se uma Comissão Internacional encarregada de assegurar a execução das disposições da presente Ata de navegação.

As Potências signatárias desta Ata, assim como as que a ela vierem posteriormente aderir, poderão, a qualquer momento, fazer-se representar na dita Comissão, cada uma por um delegado. Nenhum delegado poderá dispor de mais de um voto, mesmo no caso em que represente vários governos.

Esse delegado será pago diretamente por seu governo.

As remunerações e gratificação dos agentes e empregados da Comissão Internacional serão abatidas do produto dos di-

85

reitos percebidos de conformidade com o artigo 14, parágrafos 2 e 3.

Os totais dessas remunerações e gratificações, assim como o número, o cargo e atribuições dos agentes e empregados, serão anotados no relatório que será enviado cada ano aos Governos representados na Comissão Internacional.

Artigo 18. — Os membros da Comissão Internacional, assim como os agentes nomeados por ela, serão investidos do privilégio da inviolabilidade no exercício de suas funções. A mesma garantia será estendida aos gabinetes, escritórios e arquivos da Comissão.

Artigo 19. — A Comissão Internacional de Navegação do Congo se constituirá tão logo as cinco Potências signatárias da presente Ata geral tenham nomeado seus delegados. Aguardando-se a constituição da Comissão, a nomeação dos delegados será notificada ao Governo do Império da Alemanha, aos cuidados do qual ficarão os passos necessários para estimular a reunião da Comissão.

A Comissão elaborará imediatamente estatutos de navegação, de polícia fluvial, de pilotagem e de quarentena.

Esses estatutos, assim como as tarifas a serem estabelecidas pela Comissão, antes de entrarem em vigor serão submetidos à aprovação das Potências representadas na Comissão. As Potências interessadas deverão tornar conhecidas suas opiniões no prazo mais curto possível.

As infrações a esses estatutos serão reprimidas pelos agentes da Comissão Internacional onde ela exercer diretamente sua autoridade, e nos demais lugares pela potência ribeirinha.

No caso de abuso de poder ou de uma injustiça da parte de um agente ou de um empregado da Comissão Internacional, o indivíduo que se considera lesado em sua pessoa ou em seus direitos poderá dirigir-se ao Agente consular de sua nação. Esse deverá examinar a queixa; se considerá-la *prima facie* razoável, terá o direito de apresentá-la à Comissão. Sob sua iniciativa, a Comissão, representada por pelo menos três de seus membros, se associará a ele para fazer sindicância com relação à conduta de seu agente ou empregado. Se o Agente consular considerar a decisão da Comissão como passível de objeções de direito, fará um relatório a seu governo, o qual poderá recorrer às Potências representadas na Comissão e convidá-las a se entender sobre as instruções a dar à Comissão.

Artigo 20. — A Comissão Internacional do Congo, encarregada, nos termos do artigo 16, de assegurar a execução da presente Ata de navegação, terá notadamente em suas atribuições:

1.º A designação dos trabalhos necessários para assegurar a navegabilidade do Congo conforme as necessidades do comércio internacional.

Nos pontos do rio em que nenhuma Potência exercer direitos de soberania, a Comissão Internacional tomará, ela própria, as medidas necessárias para assegurar a navegabilidade do mesmo.

Nos pontos do rio ocupados por uma Potência soberana, a Comissão Internacional se entenderá com a autoridade ribeirinha;

2.º A fixação da tarifa de pilotagem e a da tarifa geral dos direitos de navegação previstas no 2.º e 3.º parágrafos do artigo 14.

As tarifas mencionadas no primeiro parágrafo do artigo 14 serão reguladas pela autoridade territorial nos limites previstos pelo dito artigo.

A cobrança desses diferentes direitos se realizará aos cuidados da autoridade internacional ou territorial por conta de quem eles são estabelecidos;

3.º A administração dos rendimentos provenientes da aplicação do parágrafo 2 acima;

4.º A vigilância do estabelecimento de quarentena imposto em virtude do artigo 24;

5.º A nomeação dos agentes que dependam do serviço geral de navegação e a de seus próprios empregados.

A instituição de subinspetores caberá à autoridade territorial nos pontos ocupados por alguma potência e à Comissão Internacional nos outros pontos do rio.

A potência ribeirinha notificará à Comissão Internacional a nomeação dos subinspetores que ela instituir e essa Potência se encarregará de seu tratamento.

No exercício de suas atribuições, tais como elas são acima definidas e delimitadas, a Comissão Internacional não dependerá da autoridade territorial.

Artigo 21. — Na realização de sua tarefa, a Comissão Internacional poderá recorrer, se necessário, aos navios de guerra das Potências signatárias desta Ata e das que a ela futuramente tiverem acesso, sob toda reserva das instruções que possam ser dadas aos comandantes desses navios por seus respectivos governos.

Artigo 22. — Os navios de guerra das Potências signatárias da presente Ata que penetram no Congo estão isentos do pagamento dos direitos de navegação previstos no parágrafo 3 do artigo 14; mas eles pagarão os direitos eventuais de pilotagem assim como os direitos de porto, a menos que sua intervenção não tenha sido reclamada pela Comissão Internacional ou por seus agentes, nos termos do artigo precedente.

Artigo 23. — Com a finalidade de prover as despesas técnicas e administrativas que lhe tocam, a Comissão Internacional instituída pelo artigo 17 poderá negociar em seu próprio nome empréstimos exclusivamente garantidos sobre os rendimentos atribuídos à dita Comissão.

As decisões da Comissão tendentes à conclusão de um empréstimo deverão ser tomadas pela maioria de dois terços dos votos. Fica entendido que os Governos representados na Comissão não poderão, em nenhuma hipótese, ser considerados responsáveis por qualquer garantia, ou signatários de qualquer compromisso ou solidariedade com relação aos referidos empréstimos, a menos que existam convenções especiais concluídas por eles a esse respeito.

O resultado dos direitos especificados, no terceiro parágrafo do artigo 14 será destinado com prioridade aos juros e à amortização dos referidos empréstimos, baseando-se nas convenções firmadas com os credores.

Artigo 24. — Será fundado nas embocaduras do Congo, quer pela iniciativa das Potências, quer pela intervenção da Comissão Internacional, um estabelecimento de quarentena que exercerá o controle dos navios, tanto na entrada como na saída.

Será decidido, mais tarde, pelas Potências, se necessário e em que condições um controle sanitário deverá ser feito sobre os navios no curso da navegação fluvial.

Artigo 25. — As disposições da presente Ata de navegação permanecerão em vigor em tempo de guerra. Em conseqüência, a navegação de todas as nações, neutras ou beligerantes, será livre, em todo tempo, para o comércio no Congo, suas ramificações, seus afluentes e suas embocaduras, assim como sobre o mar territorial circundante e livre, em todo tempo, para uso do comércio nas embocaduras desse rio.

O tráfego permanecerá igualmente livre, não obstante o estado de guerra, sobre suas estradas, vias férreas, lagos e canais mencionados nos artigos 15 e 16.

Não será feita exceção a esse princípio senão no que concerne ao transporte dos objetos destinados a um beligerante, e considerados em virtude do direito dos povos, como artigos de contrabando de guerra.

Todas as obras e estabelecimentos criados na execução da presente Ata, especialmente as repartições de arrecadação e suas caixas, como ainda o pessoal ligado de maneira permanente ao serviço desses estabelecimentos, serão colocados sob o regime de neutralidade e, por isso, serão respeitados e protegidos pelos beligerantes.

Capítulo V. — *Ata de navegação do Níger*

Artigo 26. — A navegação do Níger, sem exceção de nenhuma das ramificações ou das saídas desse rio, é e permanecerá inteiramente livre para os navios mercantes, com ou sem carga, de todas as nações, tanto para o transporte das mercadorias como para o dos viajantes. Ela deverá se conformar às disposições da presente Ata de navegação e aos regulamentos a serem estabelecidos na execução da mesma Ata.

No exercício dessa navegação, os indivíduos e os pavilhões de todas as nações serão tratados, em todos os sentidos, em nível de perfeita igualdade, tanto para a navegação direta do alto mar para os portos interiores do Níger, e vice-versa, como para a grande e pequena cabotagem, assim como para o conjunto dos barcos em percurso no rio.

Conseqüentemente, não será feita qualquer distinção entre os indivíduos dos Estados ribeirinhos e os dos não ribeirinhos, e não será concedido nenhum privilégio exclusivo de navegação, seja a sociedades ou corporações, seja a particulares, em todo o percurso e nas embocaduras do Níger.

Essas disposições são reconhecidas pelas Potências signatárias como fazendo parte, doravante, do direito público internacional.

Artigo 27. — A navegação do Níger não poderá sujeitar-se a nenhum entrave nem encargo baseados unicamente no fato da navegação.

Ela não sofrerá nenhuma obrigação de escala, de etapa, de depósito, de substituição de carga, ou de parada obrigatória. Em toda a extensão do Níger, os navios e as mercadorias em trânsito no rio não serão submetidos a nenhum direito de franquia, qualquer que seja a sua proveniência, ou o seu destino.

Não será estabelecido nenhum pedágio marítimo nem fluvial baseado somente no fato da navegação, nem nenhum direito sobre as mercadorias que se encontram a bordo dos navios. Só poderão ser recebidos direitos ou taxas que tiverem o caráter de retribuição por serviços prestados à própria navegação. As tarifas dessas taxas ou direitos não comportarão nenhum tratamento diferencial.

Artigo 28. — Os afluentes do Níger serão em todos os aspectos submetidos ao mesmo regime que o rio de que são tributários.

Artigo 29. — As estradas, vias férreas ou canais laterais que puderem ser estabelecidos com o fim especial de suprir a inavegabilidade ou as imperfeições da via fluvial em certos pontos do percurso do Níger, de seus afluentes e saídas, serão considerados, em sua qualidade de meios de comunicação, como dependências desse rio e serão igualmente abertos ao tráfego de todas as nações.

Do mesmo modo que no rio, só poderão ser cobrados nessas estradas, vias férreas e canais, pedágios calculados sobre as despesas de construção, de manutenção e de administração, e sobre os lucros pagos aos empreiteiros.

Quanto às taxas destes pedágios, os estrangeiros e os nacionais dos respectivos territórios serão tratados em nível de perfeita igualdade.

Artigo 30. — A Grã-Bretanha se compromete a aplicar os princípios da liberdade de navegação enunciados nos artigos 26, 27, 28, 29 já que as águas do Níger, de seus afluentes, ramificações e saídas estão ou ficarão sob sua soberania ou seu protetorado.

Os regulamentos que estabelecerá para a segurança e o controle da navegação serão concebidos de maneira a facilitar tanto quanto possível a circulação dos navios mercantes.

Fica entendido que nada nos compromissos assim assumidos poderia ser interpretado como impedindo ou podendo impedir a Grã-Bretanha de fazer qualquer regulamento de navegação contrário ao espírito desses engajamentos.

A Grã-Bretanha se compromete a proteger os negociantes estrangeiros de todas as nações que fazem o comércio nos trechos do curso do Níger que estão ou estarão sob sua soberania ou seu protetorado, como se fossem seus próprios súditos, ainda que esses negociantes se conformem aos regulamentos que estão ou forem estabelecidos em virtude do que precede.

Artigo 31. — A França aceita com as mesmas reservas e em termos idênticos as obrigações consagradas no artigo precedente, mesmo quanto às águas do Níger, de seus afluentes, ramificações e saídas que estão ou estarão sob sua soberania ou seu protetorado.

Artigo 32. — Cada uma das Potências signatárias assume iguais compromissos para o caso de vir a exercer, no futuro, direitos de soberania ou de protetorado em alguma parte das águas do Níger, de seus afluentes, ramificações e saídas.

Artigo 33. — As disposições da presente Ata de navegação permanecerão em vigor em tempo de guerra. Em conseqüência, a navegação de todas as nações, neutras ou beligerantes, será livre em qualquer tempo para o comércio no Níger, suas ramificações e afluentes, suas embocaduras e saídas, assim como no mar territorial que está diante das embocaduras e saídas desse rio.

O tráfego permanecerá igualmente livre, não obstante o estado de guerra, nas estradas, vias férreas e canais mencionados no artigo 29.

Não será feita exceção a esse princípio a não ser no que concerne ao transporte dos objetos destinados a um beligerante e considerados, em virtude do direito dos povos, como artigos de contrabando de guerra.

Capítulo VI. — *Declaração referente às condições essenciais a serem preenchidas para que ocupações novas nas costas do continente africano sejam consideradas como efetivas.*

Artigo 34. — A Potência que de agora em diante tomar posse de um território nas costas do continente africano situado fora de suas possessões atuais, ou que, não os tendo tido até então, vier a adquirir algum, e no mesmo caso a Potência que aí assumir um protetorado, fará acompanhar a Ata respectiva de uma notificação dirigida às outras Potências signatárias da presente Ata, a fim de lhes dar os meios de fazer valer, se for oportuno, suas reclamações.

Artigo 35. — As Potências signatárias da presente Ata reconhecem a obrigação de assegurar, nos territórios ocupados por elas, nas costas do Continente africano, a existência de uma autoridade capaz de fazer respeitar os direitos adquiridos e, eventualmente, a liberdade do comércio e do trânsito nas condições em que for estipulada.

Capítulo VII. — *Disposições gerais.*

Artigo 36. — As Potências signatárias da presente Ata geral se reservam o direito de ulteriormente poder introduzir nela, de comum acordo, as modificações ou melhoramentos cuja utilidade seja demonstrada pela experiência.

Artigo 37. — As Potências que não tiverem assinado a presente Ata geral poderão aderir às suas disposições por meio de uma ata separada.

A adesão de cada Potência é notificada, por via diplomática, ao Governo do Império da Alemanha, e por esse a todos os Estados signatários ou aderentes.

Essa adesão implica, sem contestação, a aceitação de todas as obrigações e a admissão em todas as vantagens estipuladas pela presente Ata geral.

Artigo 38. — A presente Ata geral será ratificada num prazo que será o mais curto possível e que, em nenhum caso poderá exceder a um ano.

Entrará em vigor para cada Potência a partir da data em que ela a tiver ratificado.

No entanto, as Potências signatárias da presente Ata geral se obrigam a não adotar nenhuma medida que seja contrária às disposições da referida Ata geral.

Cada Potência enviará a sua ratificação ao Governo do Império da Alemanha, a cujos cuidados será notificado a todas as outras Potências signatárias da presente Ata geral.

As ratificações de todas as Potências ficarão depositadas nos arquivos do Governo do Império da Alemanha. Quando todas as ratificações tiverem sido realizadas, será lavrada uma ata de depósito num protocolo que será assinado pelos Representantes de todas as Potências que tenham tomado parte na Conferência de Berlim e do qual uma cópia certificada será dirigida a todas as Potências.

E, para prova, os Plenipotenciários respectivos assinaram a presente Ata geral e nela apuseram seu selo.

Feito em Berlim, no 26.º dia do mês de fevereiro de 1885. (L. S.)

V. Bismarck.
Busch.
V. Kusserow.
Szechenyl.
Conde Auguste von der Straten Ponthoz.
Barão Lambermont.
E. Vind.
Conde de Benomar.
John A. Kasson.
H. S. Sanford.
Alph. de Courcel.
Edward B. Malet.
Launay.
F. P. Van der Hoeven.
Marquês de Penafiel.
A. de Serpa Pimentel.
Conde P. Kapnist.
Gillis Bildt.
Said.

DE CLERCQ. *Recueil des Traités de la France.* t. 14.

Documento 3:

AGREEMENT BETWEEN THE BRITISH AND GERMAN GOVERNMENTS, RESPECTING AFRICA AND HELIGOLAND. BERLIN, 1ST JULY, 1890[1]*.

The Undersigned,
Sir Edward Baldwin Malet, Her Britannic Majesty's Ambassador Extraordinary and Plenipotentiary;
Sir Henry Percy Anderson, Chief of the African Department of Her Majesty's Foreign Office;

(1) The map of Africa by treaty (Hertslet), vol. II, n.º 129.

(*) Em inglês no original. (N. do T.)

The Chancellor of the German Empire, General von Caprivi;

The Privy Councillor in the Foreign Office, Dr. Krauel;

Have, after discussion of various questions affecting the Colonial interest of Germany and Great Britain, come to the following Agreement on behalf of their respective Governments:

East Africa. German Sphere of Influence.

ART. I. — In East Africa the sphere in which the exercise of influence is reserved to Germany is bounded.

German Sphere. To the North.
River Umba to Victoria Nyanza.

1   To the north by a line which, commencing on the coast at the north bank of the mouth of the River Umba (or Wanga), runs direct to Lake Jipé; passes thence along the eastern side and round the northern side of the lake, and crosses the River Lumé; after which it passes midway between the territories of Taveita and Chagga, skirts the northern base of the Kilimanjaro range, and thence is drawn direct to the point on the eastern side of Lake Victoria Nyanza which is intersected by the lst parallel of south latitude; thence, crossing the lake on that parallel, it follows the parallel to the frontier of the Congo Free State, where it terminates.

Mount Mfumbiro.

It is, however, understood that, on the west side of the lake, the sphere does not comprise Mount Mfumbiro; if that mountain shall prove to lie to the south of the selected parallel, the line shall be deflected so as to exclude it, but shall, nevertheless, return so as to terminate at the above-named point.

German Sphere. To the South. Rovuma River to Lakes
Nyassa and Tanganyika (Stevenson's Road).

2   To the south by a line which, starting on the coast at the northern limit of the Province of Mozambique, follows the course of the River Rovuma to the point of confluence of the Msinje; thence it runs westward along the parallel of that point till it reaches Lake Nyassa; thence striking northward it follows the eastern, northern, and western shores of the lake to the northern bank of the mouth of· the River Songwe, it ascends that river to the point of its intersection by the 33rd degree of east longitude; thence it follows the river to the point where it approaches most nearly the boundary of the geographical Congo Basin defined in the 1st Article of the Act of Berlin (N.º 17), as marked in the map attached to the 9th Protocol of the Conference.

From that point it strikes direct to the aboved-named boundary; and follows it to the point of its intersection by the 32nd degree of east longitude; from which point it strikes direct to the point of confluence of the northern and southern

92

branches of the River Kilambo, and thence follows that river till it enters Lake Tanganyika.

Map. Nyassa-Tanganyika Plateau.

The course of the above-boundary is traced in general accordance with a map of the Nyassa-Tanganyika Plateau, officially prepared for the British Government in 1889.

German Sphere. To the West.
River Kilambo to Congo Free State.

3 To the west by a line which, from the mouth of the River Kilambo to the 1st parallel of south latitude, is conterminous with the Congo Free State.

East Africa. British Sphere of Influence.

The sphere in which the exercice of influence is reserved to Great Britain is bounded.

British Sphere. To the South.
River Umba to Congo Free State.

To the south by the above-mentioned line running from the mouth of the River Umba (or Wanga) to the point where the 1st parallel of south latitude reaches the Congo Free State.

Mount Mfumbiro.

Mount Mfumbiro is included in the sphere.

British Sphere. To the North.
River Juba to confines of Egypt (Uganda etc.).

2 To the north by a line commencing on the coast at the north bank of the mouth of the River Juba; thence it ascends that bank of the river and is conterminous with the territory reserved to the influence of Italy in Gallaland and Abyssinia, as far as the confines of Egypt.

British Sphere. To the West.
Basin of Upper Nile to Congo Free State (Uganda etc.).

3 To the west by the Congo Free State, and by the western watershed of the basin of the Upper Nile.

Withdrawal by Germany in favour of Great Britain of
Protectorate over Witu.

ART. II. — In order to render effective the delimitation recorded in the preceding Article, Germany withdraws in favour of Great Britain her Protectorate over Witu.

Recognition by Great Britain of
Sultan of Witu's Sovereignty.

Great Britain engages to recognize the sovereignty of the Sultan of Witu over the territory extending from Kipini to the point opposite the Island of Kwyhoo, fixed as the boundary in 1887.

Withdrawal of German Protectorate over adjoining Coast up to Kismayu, to all other Territories North of Tana, and to Islands of Patta and Manda.

Germany also withdraws her Protectorate over the adjoining coast up to Kismayu, as well as her claims to all other territories on the mainland, to the north of the River Tana, and to the Islands of Patta and Manda.

South West Africa. German Sphere of Influence.

ART. III. — In South West Africa the sphere in which the exercise of influence is reserved to Germany is bounded.

Namaqualand Damaraland etc.

1 To the south by a line commencing at the mouth of the Orange River, and ascending the north bank of that river to the point of its intersection by the 20th degree of east longitude.

2 To the east by a line commencing at the abovenamed point, and following the 20th degree of east longitude to the point of its intersection by the 22nd parallel of south latitude, it runs eastward along the parallel to the point of its intersection by the 21st degree of east longitude; thence it follows that degree northward to the point of its intersection by the 18th parallel of south latitude; it runs eastward along that parallel till it reaches the River Chobe; and descends the centre of the main channel of that river to its junction with the Zambesi where it terminates.

German Access to the Zambesi.

It is understood that under this arrangement Germany shall have free access from her Protectorate to the Zambesi by a strip of territory which shall at no point be less than 20 English miles in width.

South West Africa. British Sphere of Influence.
Bechuanaland, Kalahari etc.

The sphere in which the exercise of influence is reserved to Great Britain is bounded to the west and north-west by the above-mentioned line.

Lake Ngami.

It includes Lake Ngami.

94

Map.

The course of the above boundary is traced in general accordance with a map officially prepared for the British Government in 1889.

Walfisch Bay.

The delimitation of the southern boundary of the British territory of Walfisch Bay is reserved for arbitration, unless it shall be settled by the consent of the two Powers within two years from the date of the conclusion of this Agreement. The two Powers agree that, pending such settlement, the passage of the subjects and transit of goods of both Powers through the territory now in dispute shall be free; and the treatment of their subjects in that territory shall be in all equal. No dues shall be levied on goods in transit. Until a settlement shall be effected the territory shall be considered neutral.

Line of Boundary between the British Gold Coast Colony and the German Protectorate of Togo. Volta Districts.

ART. IV. — In West Africa.

1 The boundary between the German Protectorate of Togo and the British Gold Coast Colony commences on the coast at the marks set up after the negotiations between the Commissioners of the two countries of the 14th and 28th of July, 1886; and proceeds direct northwards to the 6° 10' parallel of north latitude; thence it runs along that parallel westward till it reaches the left bank of the River Aka; ascends the mid-channel of that river to the 6° 20' parallel of north latitude; runs along that parallel westwards to the right bank of the River Dchawe or Shavoe; follows that bank of the river till it reaches the parallel corresponding with the point of confluence of the River Deine with the Volta; it runs along that parallel westward till it reaches the Volta; from that point it ascends the left bank of the Volta till it arrives at the neutral zone established by the Agreement of 1888, which commences at the confluence of the River Dakka with the Volta.

Each Power engages to withdraw immediately after the conclusion of this Agreement all its officials and employés from territory which is assigned to the other Power by the above delimitation.

Gulf of Guinea. Rio del Rey Creek.

2 It having been proved to the satisfaction of the two Powers that no river exists on the Gulf of Guinea corresponding with that marked on maps as the Rio del Rey, to which reference was made in the Agreement of 1885 (N.º 119), a provisional line of demarcation is adopted between the German sphere in the Cameroons and the adjoining British sphere, which, starting from the head of the Rio del Rey Creek, goes direct to the point, about 9° 8' of east longitude, marked "Rapids" in the British Admiralty chart.

95

*Freedom of Goods from Transit Dues between
River Benué and Lake Chad.*

ART. V. — It is agreed that no Treaty or Agreement, made by or on behalf of either Power to the north of the River Benué, shall interfere with the free passage of goods of the other Power, without payment of transit dues, to and from the shores of Lake Chad.

Treaties in Territories between the Benué and Lake Chad.

All Treaties made in territories intervening between the Benué and Lake Chad shall be notified by one Power to the other.

Lines of Demarcation subject to Modification.

ART. VI. — All the lines of demarcation traced in Articles I to IV shall be subject to rectification by agreement between the two Powers, in accordance with local requirements.

Boundary Commissioners to be Appointed.

It is specially understood that, as regards the boundaries traced in Article IV, Commissioners shall meet with the least possible delay for the object of such rectification.

*Non-interference of either Power in Sphere
of Influence of the other.*

ART. VII. — The two Powers engage that neither will interfere with any sphere of influence assigned to the other by Articles I to IV. One Power will not in the sphere of the other make acquisitions, conclude Treaties, accept sovereign rights or Protectorates, nor hinder the extension of influence of the other.

*No Companies or Individuals of either Power to exercise
Sovereign Rights in Sphere of Influence of the Other.*

It is understood that no Companies nor individuals subject to one Power can exercise sovereign rights in a sphere assigned to the other, except with the assent of the latter.

*Application of Berlin Act in Spheres of Influence
within Limits of Free Trade Zone.*

ART. VIII. — The two Powers engage to apply in all the portions of their respective spheres, within the limits of the free zone defined by the Act of Berlin of 1885 (N.º 17), to which the first five articles of that Act are applicable at the date of the present Agreement.

Freedom of Trade.

The provisions of those articles according to which trade enjoys complete **freedom**;

Navigation of Lakes, Rivers etc.;

The navigation of the lakes, rivers, and canals, and of the ports on those waters is free to both flags;

Differential Duties. Transport or Coasting Trade.

And no differential treatment is permitted as regards transport or coasting trade;

Duties on Goods.

Goods, of whatever origin, are subject to no dues except those, not differential in their incidence, which may be levied to meet expenditure in the interest of trade;

Transit Dues.

No transit dues are permitted;

Trade Monopolies.

And no monopoly or favour in matters of trade can be granted.

Settlements in Free Trade Zone.

The subjects of either Power will be at liberty to settle freely in their respective territories situated within the free trade zone.

Freedom of Goods from Transit Dues etc.

It is specially understood that, in accordance with these provisions, the passage of goods of both Powers will be free from all hindrances and from all transit dues between Lake Nyassa and the Congo State, between Lakes Nyassa and Tanganyika, on Lake Tanganyika, and between that lake and the northern boundary of the two spheres.

Trading and Mineral Concessions. Real Property Rights.

ART. IX. — Trading and mineral concessions, and rights to real property, held by Companies or individuals, subjects of one Power, shall, if their validity is duly established, be recognized in the sphere of the other Power. It is understood that concessions must be worked in accordance with local laws and regulations.

Protection of Missionaries.

ART. X. — In all territories in Africa belonging to, or under the influence of either Power, missionaries of both countries shall have full protection.

Religious Toleration and Freedom.

Religious toleration and freedom for all forms of divine worship and religious teaching are guaranteed.

Cession to be made by Sultan of Zanzibar to Germany of Possessions on the Mainland and of Island of Mafia.

ART. XI. — Great Britain engages to use all her influence to facilitate a friendly arrangement, by which the Sultan of Zanzibar shall cede absolutely to Germany his Possessions on the mainland comprised in existing Concessions to the German East African Company, and their Dependencies, as well as the Island of Mafia.

It is understood that His Highness will, at the same time, receive an equitable indemnity for the loss of revenue resulting from such cession.

German Recognition of British Protectorate over remaining Dominions of Sultan of Zanzibar, including Islands of Zanzibar and Pemba, and Witu.

Germany engages to recognize a Protectorate of Great Britain over the remaining dominions of the Sultan of Zanzibar, including the Islands of Zanzibar and Pemba, as well as over the dominions of the Sultan of Witu.

Withdrawal of German Protectorate up to Kismayu.

And the adjacent territory up to Kismayu, from which her Protectorate is withdrawn. It is understood that if the cession of the German Coast has not taken place before the assumption by Great Britain of the Protectorate of Zanzibar, Her Majesty's Government will, in assuming the Protectorate, accept the obligation to use all their influence with the Sultan to induce him to make that cession at the earliest possible period in consideration of an equitable indemnity.

ART. XII. — *Cession of Heligoland by Great Britain to Germany.*

> EDWARD B. MALET
> H. PERCY ANDERSON
> V. CAPRIVI
> K. KRAUEL

Berlin, 1st July, 1890.

Documento 4:

TROCA DE CARTAS FRANCO-BRITÂNICA EM 5 DE AGOSTO DE 1890.

The Undersigned, duly authorized by Her Britannic Majesty's Government, declares as follows:

1. The Government of Her Britannic Majesty recognizes the Protectorate of France over the Island of Madagascar, with its consequences, especially as regards the exequaturs of British Consuls and Agents, which must be applied for through the intermediary of the French Résident General.

In Madagascar the missionaries of both countries shall enjoy complete protection. Religious toleration, and liberty for all forms of worship and religious teaching, shall be guaranteed.

It is understood that the establishment of this Protectorate will not affect any rights or immunities enjoyed by British subjects in that island.

2. The Government of Her Britannic Majesty recognizes the sphere of influence of France to the south of her Mediterranean possessions, up to a line from Say on the Niger, to Barruwa on Lake Tchad, drawn in such manner as to comprise in the sphere of action of the Niger Company all that fairly belongs to the Kingdom of Sokoto; the line to be determined by the Commissioners to be appointed.

The Government of Her Britannic Majesty engages to appoint immediately two Commissioners to meet at Paris with two Commissioners appointed by the Government of the French Republic, in order to settle the details of the above-mentioned line. But it is expressly understood that even in case the labours of these Commissioners should not result in a complete agreement upon all details of the line, the Agreement between the two Governments as to the general delimitation above set forth shall nevertheless remain binding.

The Commissioners will also be intrusted with the task of determining the respective spheres of influence of the two countries in the region which extends to the west and to the south of the Middle and Upper Niger.

London, August 5, 1890.
SALISBURY

O abaixo-assinado, devidamente autorizado pelo Governo da República Francesa, faz a seguinte Declaração:

1. O Governo de Sua Majestade Britânica reconhece o Protetorado da França na ilha de Madagáscar, com suas conseqüências, notadamente no que diz respeito aos *exequator* dos Cônsules e Agentes Britânicos, que deverão ser pedidos por intermédio do Representante geral francês.

Na ilha de Madagáscar, os missionários dos dois países, desfrutarão de completa proteção. A tolerância religiosa, a liberdade de todos os cultos e do ensino religioso, são garantidos.

Fica bem entendido que o estabelecimento desse Protetorado não pode causar danos aos direitos e imunidades de que desfrutam os nacionais ingleses na ilha.

O Governo de Sua Majestade Britânica reconhece a zona de influência da França ao sul de suas possessões mediterrâneas até uma linha traçada de Say, no Níger, até Barruva, no Lago Tchad, de maneira a compreender, na zona de ação da

Companhia do Níger, tudo o que pertence eqüitativamente (*fairly*) ao Reino de Sokoto; a linha a ser determinada pelos Comissários nomeados.

O Governo de Sua Majestade Britânica se compromete a nomear imediatamente dois Comissários, que se reunirão em Paris com duas Comissões nomeadas pelo Governo da República Francesa, com a finalidade de fixar os pormenores da linha acima indicada. Mas fica expressamente entendido que, se mesmo os trabalhos das Comissões não levarem a um acordo total sobre todos os pormenores da linha, o acordo subsistirá entre os dois Governos tendo em vista o traçado geral acima indicado.

Os Comissários terão igualmente por missão determinar as zonas de influência respectivas dos dois países na região que se estende a oeste e ao sul do médio e do alto Níger.

Waddington
Londres, 5 de agosto de 1890.

De Clercq, XVIII, pp. 578-581.

Documento 5:

EXPOSIÇÃO DE MOTIVOS DO PROJETO DE LEI QUE CONTÉM A APROVAÇÃO DA DECLARAÇÃO ADICIONAL DE 21 DE MARÇO DE 1899 pela convenção franco-inglesa de 14 de junho de 1898, apresentado em nome de Émile Loubet, Presidente da República francesa, por Delcassé, Ministro dos Negócios Estrangeiros, e por Guillain, Ministro das Colônias.

A Convenção concluída em 14 de junho de 1898 entre a França e a Grã-Bretanha e cujo texto acaba de ser apreciado por vós (...) tinha regulado a respectiva situação das duas potências nas regiões da bacia do Níger. Em compensação, os acordos territoriais que compreendiam nossos interesses nos territórios ao norte, a leste e ao sul do Lago Tchad, de que somente as margens nos foram reconhecidas, ficavam suspensos. Cumpria ratificá-los para vir a criar na África Central uma situação graças à qual estaria terminada a era de rivalidades e constituído um estado de coisas definitivo. Tratava-se de buscar combinações em que cada um pudesse encontrar sua vantagem. Em caso de conflito ou de oposição das pretensões sobre um mesmo ponto, devia-se igualmente admitir a princípio que aí se verificaria não somente o exame estreito dos títulos invocados de uma parte e de outra, mas também seria procurado de qual lado interesses de ordem superior ditariam a solução a encontrar, salvo se pela concessão feita houvesse compensações em outros pontos e dentro do mesmo espírito.

Cremos que a aplicação deste método será igualmente proveitosa a cada uma das partes, e que por sua vez, a França terá obtido assim, precisamente, as vantagens que reivindicavam as personalidades mais competentes em matéria de colonização africana, numa petição dirigida no decorrer do mês de novembro último ao Governo. Este documento ressaltava a ne-

100

cessidade de nos garantir, antes de mais nada, comunicações diretas entre nossas possessões da África do Norte e as da África Central, notadamente do lado do Kanam, do Uadaí, do Baguirmi, a saber, na zona vizinha das margens do norte, leste e sul do Lago Tchad. Pedia-se, ao mesmo tempo, com insistência, que fossem enviadas missões a essas regiões para ali afirmar nossos direitos e ali fazer prevalecer nossos interesses.

O programa assim traçado tendia a constituir, em bloco compacto, o conjunto de nossas possessões africanas no interior das quais, de leste a oeste, como de norte a sul, poderia criar-se uma cadeia ininterrupta de trocas e relações.

Ora, os acordos que acabamos de concluir dão toda satisfação a esses desejos.

Uma olhadela no mapa aqui anexado mostra quais são, desde a convenção de 14 de junho de 1898, as vantagens territoriais adquiridas. Esses resultados nós os devemos em grande parte, é justo lembrar aqui, aos esforços perseverantes dos intrépidos exploradores que se devotaram ao desenvolvimento de nosso império africano. Aqueles que, em nosso domínio assim delimitado, não encontrarem certos pontos onde eles plantaram gloriosamente nosso pavilhão, poderão dizer que se não estivéssemos em condições de nos valer da obra realizada por eles, não teríamos assegurado alhures à França vantagens indispensáveis.

Examinando as cláusulas do acordo, constata-se que renunciamos a adquirir territórios no Bahr-el-Ghazal, em que nós desejáramos estabelecer, como o Governo explicou na Câmara, na sessão de 23 de janeiro, sobretudo para assegurar uma via de acesso ao alto Nilo. Ora, a comunicação com o grande rio nos foi precisamente garantida pelo parágrafo 4 do acordo, e nas mais amplas condições, visto que o acesso nos foi permitido do 5.º ao 14.º 20' de latitude norte, ou seja, num desenvolvimento de 70 km do sul ao norte.

Em contrapartida, e enquanto a Convenção de 1898 nos limitava estritamente às margens do Tchad, sem nenhum outro desenvolvimento lateral, englobamos hoje o Kanem, o Uadaí e o Baguirmi, que constituem de alguma forma, em torno do grande lago central africano, o domínio intermediário para unir nossos territórios do Congo às nossas possessões do Sudão e do Mediterrâneo e constituir a homogeneidade de nosso império africano. Os interesses preponderantes que temos nessas regiões se encontram portanto absolutamente salvaguardados.

Ademais, a incorporação em nossa zona do Ennedi, do Unyanga, do Borku e do Tibesti, cobre com uma espécie de proteção natural nossa linha de junção do Tchad com o Mediterrâneo.

Finalmente, não se pode deixar de notar que, nos termos em que é concebido, este acordo, pondo fim a uma situação delicada e precária, não afeta nenhuma das questões de ordem mais geral tocantes ao vale do grande rio egípcio, e que quisemos deixar fora das discussões especiais abertas entre duas potências européias.

Nessas condições, cremos poder apresentar com confiança à vossa aprovação o projeto de lei que segue.

De Clercq, XXI, 1897-1900, pp. 404-405.

Documento 6:

CONVENÇÃO CONCERNENTE À TERRA-NOVA E À ÁFRICA OCIDENTAL E CENTRAL concluída em Londres em 8 de abril de 1904 entre a França e a Grã-Bretanha (aprovada pela lei de 7 de dezembro de 1904[1]; Troca das ratificações em Londres em 8 de dezembro de 1904; promulgada pelo decreto de 9 de dezembro (J. oficial do 11).

O Presidente da República Francesa e S. M. o Rei do Reino Unido da Grã-Bretanha e da Irlanda e dos Territórios Britânicos de Além-Mar, Imperador das Índias, tendo resolvido pôr fim, por um acordo amigável, às dificuldades sobrevindas na Terra-Nova, decidiram concluir uma Convenção para este fim, e nomearam para seus respectivos plenipotenciários:

O Presidente da República Francesa, Sua Ex.ª Paul Cambon, Embaixador da República Francesa junto a S. M. Rei do Reino-Unido da Grã-Bretanha e da Irlanda e dos Territórios Britânicos de Além-Mar, Imperador das Índias;

S. M. Rei do Reino-Unido da Grã-Bretanha e da Irlanda e dos Territórios Britânicos de Além-Mar, Imperador das Índias, o M. Hon. Henry Charles Keith Petty-Fitzmaurice, Marquês de Lansdowne, primeiro Secretário de Estado de Sua Majestade no Departamento dos Negócios Estrangeiros.

Os referidos, após terem sido comunicados seus plenos poderes, encontrando-se em boa e devida forma, dão seu acordo ao que se segue, sob a condição de aprovação de seus respectivos parlamentos:

Artigo 1.º. — A França renuncia aos privilégios estabelecidos em seu proveito pelo artigo 13 do Tratado de Utrecht, confirmados ou modificados por disposições posteriores.

Artigo 2. — A França conserva para seus súditos, num pé de igualdade com os britânicos, o direito de pesca nas águas territoriais na parte da costa da Terra-Nova compreendida entre o Cabo de São João e o Cabo Raye, que passa pelo Norte; esse direito será exercido durante a estação normal de pesca terminando para todos a 20 de outubro de cada ano.

Os franceses poderão portanto aí pescar qualquer espécie de peixe, inclusive a isca para o anzol, assim como os crustáceos. Eles poderão entrar em qualquer porto ou enseada dessa costa, obter abastecimento ou iscas e abrigar-se nas mesmas condições que os habitantes da Terra-Nova, permanecendo

---

(1) Câmara: Discussão e adoção em 12 de novembro de 1904, urgência declarada. Relatório apresentado em 21 de outubro de 1904 por Fr. Deloncle, anexo em 1898.

Senado: Discussão e adoção em 5, 6 e 7 de dezembro de 1904, urgência declarada. Relatório apresentado pelo Barão de Courcel, em 2 de dezembro de 1904, anexo 316.

102

sob as leis locais em vigor; eles poderão também pescar na embocadura dos rios, sem todavia poder ultrapassar uma linha reta que será traçada de um a outro dos pontos extremos da margem entre os quais o rio se lança ao mar. Eles deverão abster-se de usar engenhos de pesca fixos (*stake-net and fixed engines*) sem a permissão das autoridades locais.

Na parte da costa mencionada acima, os ingleses e os franceses serão submetidos, em pé de igualdade, às leis e regulamentos atualmente em vigor ou que forem editados em seguida, para a proibição, durante um tempo determinado, da pesca de certos peixes ou para a melhora das pescarias. Serão notificados, ao Governo da República Francesa, as leis e os regulamentos novos, três meses antes da época em que deverão ser aplicados.

A vigilância da pesca na parte da costa acima mencionada, assim como a do tráfico ilícito de licores e contrabando de álcoois, consistirão o objeto de um regulamento estabelecido de acordo entre os dois Governos,

Artigo 3. — Uma indenização pecuniária será aprovada pelo Governo de S. M. Britânica aos cidadãos franceses que se dedicam à pesca ou à preparação do peixe sobre o "Treaty Shore", que forem obrigados a abandonar os estabelecimentos que aí possuem, ou suas indústrias, em consequência da modificação trazida pela presente Convenção ao estado de coisas atual.

Essa indenização não poderá ser reclamada pelos interessados salvo se eles exercerem suas profissões anteriormente ao fechamento da estação de pesca de 1903.

Os pedidos de indenização serão submetidos a um tribunal arbitral composto de um oficial de cada nação, e em caso de desacordo, de um árbitro superior designado seguindo-se o processo instituído pelo artigo 32 da Convenção de Haia. Os pormenores instituindo a constituição do tribunal e as condições das sindicâncias a se abrir para pôr fim às demandas em questão constituirão objeto de um arranjo especial entre os dois Governos.

Artigo 4. — O Governo de S. M. Britânica, reconhecendo que, além da indenização mencionada no artigo precedente, uma compensação territorial é devida à França pelo abandono de seu privilégio sobre a parte da Ilha da Terra-Nova visada no artigo 2, concorda com o Governo da República Francesa sobre as disposições que constituem o objeto dos seguintes artigos.

Artigo 5. — A fronteira existente entre a Senegâmbia e a colônia inglesa da Gâmbia será modificada de modo a assegurar à França a posse de Yarbutenda e das terras e pontos de aluvião pertencentes a essa localidade.

Caso a navegação marítima não possa ser exercida até aí, será assegurado um acesso em direção à corrente do rio ao Governo francês em algum ponto do Rio Gâmbia que será reconhecido de comum acordo como sendo acessível aos navios mercantes a serviço da navegação marítima.

As condições nas quais será regulado o tráfego no Rio Gâmbia e seus afluentes, assim como o modo de acesso ao ponto que vier a ser reservado à França, na execução do parágrafo precedente, constituirão objeto de acordo a ser combinado entre os dois Governos.

Fica, em todo o caso, entendido que essas condições serão pelo menos tão favoráveis quanto as do regime instituído pela aplicação do ato geral da Conferência africana de 26 de fevereiro de 1885, da Convenção de 26 de fevereiro de 1885, e da Convenção franco-inglesa de 14 de junho de 1898, na parte inglesa da bacia do Níger.

Artigo 6. — O grupo designado como Ilhas de Los, e situado em frente do Konacry é cedido por S. M. Britânica à França.

Artigo 7. — As pessoas nascidas nos territórios cedidos à França pelos artigos 5 e 6 da presente Convenção poderão conservar a nacionalidade britânica mediante uma declaração individual feita para esse fim, diante da autoridade competente, por elas mesmas, ou, no caso de crianças menores, por seus pais ou tutores.

O prazo no qual deverá se fazer a declaração de opção prevista no parágrafo precedente será de um ano a contar do dia da instalação da autoridade francesa no território em que terão nascido as referidas pessoas.

As leis e costumes dos aborígines atualmente em vigor serão respeitados tanto quanto possível.

Nas ilhas de Los, e durante um período de trinta anos a partir da troca das ratificações da presente Convenção, os pescadores ingleses se beneficiarão, no que concerne ao direito de ancoragem em qualquer tempo, de abastecimento e provisão de água doce, de reparação, de baldeação de mercadorias, de venda de peixes, de descida em terra e de secagem das redes, no mesmo regime que os pescadores franceses, sob reserva, todavia, da observação das prescrições ditadas nas leis e regulamentos franceses que aí estarão em vigor.

Artigo 8. — A leste do Níger, e ressalvadas as modificações que as estipulações inseridas no último artigo puderam comportar, o traçado seguinte será substituído pela delimitação estabelecida entre as possessões francesas e inglesas pela Convenção de 14 de junho de 1898.

Partindo do ponto da margem esquerda do Níger indicado no artigo 3 da Convenção de 14 de junho de 1898, a saber, a linha mediana do Dallul-Mauri, a fronteira seguirá esta linha mediana até seu encontro com a circunferência de um círculo descrito do centro da cidade de Sokoto com um raio de 160 932 metros (cem milhas). Desse ponto ela seguirá o arco setentrional deste círculo até um ponto situado a 5 km ao sul do ponto de interseção com o referido arco de círculo da estrada de Dosso e Matankari por Maurédé.

Ela alcançará aí, em linha reta, um ponto situado a 20 quilômetros ao norte de Konni (Birni-N'Kuni), depois, a partir daí igualmente em linha reta, alcançará um ponto situado a 15 km ao sul de Maradi, e ligará em seguida diretamente a interseção do paralelo 13º 20' de latitude norte com um meridiano passando a 70 milhas a leste da segunda interseção do 14.º grau de latitude norte com o arco setentrional do círculo anteriormente citado.

104

Daí, a fronteira seguirá para leste o paralelo 13° 20' de latitude norte até seu encontro com a margem esquerda do Rio Komadugu Uobé (Komadugu Waube), donde seguirá o talvegue até o Lago Tchad. Mas se, antes de encontrar esse rio, a fronteira chega a uma distância de 5 km da estrada de caravana de Zinder para Yo, por Sua Kololua, Adeber e Kabi, a fronteira será traçada numa distância de 5 km ao sul dessa estrada até seu encontro com a margem esquerda do Rio Komadugu Uobé (Komadugu Waube), ficando todavia entendido que, se a fronteira assim traçada vier atravessar uma aldeia, essa aldeia com suas terras será atribuída ao Governo a quem se ligar a maior parte da povoação e de suas terras. Ela seguirá em seguida, como está acima indicado, o talvegue do referido rio até o Lago Tchad.

Dali ela seguirá o grau de latitude que passa pelo talvegue da embocadura do referido rio até sua interseção com o meridiano que passa a 35' leste do centro da cidade de Kuka, depois seguirá esse meridiano em direção ao sul até sua interseção com a margem sul do Lago Tchad.

Fica combinado, entretanto, que quando os comissários dos dois Governos que procedem nesse momento à delimitação da linha estabelecida no artigo 4 da Convenção de 14 de junho de 1898, tiverem chegado e puderem ser consultados, os dois Governos levarão em consideração toda modificação na linha de fronteira acima que parecer desejável para determinar a linha de demarcação com mais precisão. A fim de evitar, de uma e de outra parte, inconvenientes que possam resultar de um traçado que se afaste das fronteiras reconhecidas e bem constatadas, combinou-se que, na parte do traçado em que a fronteira não é determinada pelas rotas comerciais, serão levadas em conta as divisões políticas atuais dos territórios, de maneira a que as tribos dependentes dos territórios de Tessaua-Maradi e Zinder sejam, tanto quanto possível, entregues à França e as que dependem dos territórios da zona inglesa, sejam, tanto quanto possível, entregues à Grã-Bretanha.

Fica, ademais, entendido que, no Tchad, o limite será, se necessário, modificado de maneira a assegurar à França uma comunicação por água livre em qualquer estação entre as possessões do noroeste e do sudoeste do lago, e uma parte da superfície das águas livres do lago, pelo menos proporcional à que lhe era atribuída pelo mapa e que constituía o anexo n.º 2 da Convenção de 14 de junho de 1898.

Na parte comum do Rio Komadugu, as populações ribeirinhas terão igualdade de direitos na pesca.

Artigo 9. — A presente Convenção será ratificada, e as ratificações serão trocadas em Londres num prazo de oito meses, ou, antes, se possível.

Para prova do que S. E. Embaixador da República Francesa junto a S. M. Rei do Reino Unido da Grã-Bretanha e da Irlanda e dos Territórios Britânicos de Além-Mar, Imperador das Índias e o primeiro Secretário de Estado para os Negócios Estrangeiros de S. M. Britânica, devidamente autorizados para esse fim, assinaram a presente Convenção e apuseram nela seus selos.

Elaborada em Londres, com dupla cópia, em 8 de abril de 1904.

(L. S.) Paul Cambon
(L. S.) Lansdowne

De Clercq XXII, pp. 517-521.

Problemas e questões de interpretação

I. — As partilhas e os povos africanos

O objeto deste livro é a partilha da África negra entre as Potências européias. Mas o leitor que quiser compreender bem a expansão imperialista deverá dar uma olhada na trama africana tecida pelos europeus. Não se trata evidentemente de expor a história da África negra do século XIX. Roland Olivier e Anthony Atmore fizeram-no numa síntese rápida e útil cuja biografia inglesa é de confiança. *L'Afrique depuis 1800*, publicado em inglês em 1967, foi traduzido em 1970. Nós nos restringimos aqui a algumas observações gerais, unicamente destinadas a lembrar a existência do problema.

Nada faz duvidar que a superioridade de armamentos tenha sido a causa principal do sucesso dos europeus. Se entretanto esse êxito foi tão rápido, apesar dos trunfos que o conhecimento da região e a adaptação ao clima deram aos africanos, é que a conquista colonial interveio num momento em que a instabilidade dos grandes Estados africanos tinha habituado os espíritos a freqüentes mutações políticas.

Uma série de divisões entre africanos, de elaboração de grandes impérios sempre efêmeros tinha, de longa data, predisposto as populações a duvidar da perenidade desses Estados. Desde então elas se submetiam facilmente, se revoltavam igualmente, consideravam os domínios estrangeiros como uma mudança política normal. Logo após uma partilha que se verificou quase amigavelmente, elas puderam acreditar que os brancos escapavam a essa instabilidade. A guerra de 1914 a 1918 dissipou-lhes o engano. Por isso ela tanto contribuiu para encorajar a oposição ao colonialismo.

Não eram somente as etnias que se opunham, ou os fetichistas que se submetiam aos muçulmanos, mas esses últimos que se rivalizavam entre si. Considerando-se só o Sudão Ocidental após o início do século XIX, assiste-se inicialmente à conquista *peule* do delta do interior do Níger. Cheiku Ahmadu fundou em 1818 um império centrado no Macina e aí construiu sua capital, Hamdallahi. A melhor explicação dessa citação se encontra na tese de Geografia de Jean Gallais: *Le Delta du Niger*, Dakar, 1967, (cf. principalmente t. I, Cap. III, p. 91 e s.). Esse Estado foi destruído por El Hadji Omar em 1862. O império tucolor desse último foi, sob seu sucessor, Ahmadu, constantemente ameaçado a leste pelas populações mal dominadas de Tombuctu, e após 1879, a oeste, pelo desenvolvimento do império mandinga de Samori. Outros candidatos tais como Sarakollé Mamadu Lamine, surgiram no decorrer do mesmo período. Essas rivalidades fazem com que os europeus jamais se choquem com um *front* africano unido, que talvez não tivessem conseguido romper.

Sobre o império tucolor, a boa e breve síntese de Yves Saint-Martin, *L'Empire Toucouleur, 1840-1897*, analisa bem esse tipo de Estado inconstante, inacabado inegavelmente organizado, em que as rivalidades pessoais, religiosas, étnicas jamais foram dominadas por interesses comuns ou por um sentimento nacional oponível ao conquistador estrangeiro. Yves Person, no seu monumental *Samori, une révolution dyula*, (Dakar, 1970), propõe conclusões idênticas. Todos estes conquistadores, que não dispuseram tecnicamente de meios de organizar vastos espaços, evocam no espírito do leitor a expressão tomada de empréstimo a Luís XIV, mas mais verdadeira ainda que na França do século XVIII: "O Estado sou eu". Nenhum desses Estados anteriores à colonização pôde se manter desde que ultrapassasse a superfície controlável por seu chefe. Nenhum possuiu armação burocrática e rede de comunicações rápidas, capaz de disfarçar a mediocridade

108

passageira de um príncipe mal dotado que sucedesse a um chefe prestigioso.

Esta instabilidade crônica das estruturas políticas dominou os espíritos e sua marca, na mentalidade africana, não foi inteiramente apagada por meio século de colonização.

II. — A conversão de Bismarck à política colonial

Inúmeros trabalhos tentaram explicar a conversão de Bismarck à política colonial. A bibliografia, não exaustiva, mas bem escolhida e suficiente, encontra-se no capítulo de Henry Ashby Turner Jr. com o título *Bismarck's Imperialist Venture. Anti British in origin?* na obra coletiva dirigida por Gifford e Louis: *Britain and Germany in Africa.* Alternadamente, insistiu-se nos motivos de política interior ou exterior e na pressão dos 'meios capitalistas. Em política interior, é certo que o chanceler, apoiado desde 1866 sobre os nacionais liberais, buscava, desde pelo menos 1881 trocar de maioria. A maior parte dos líderes liberais havia entrado para a oposição em conseqüência das eleições de 1881: eles desejavam orientar o Reich para um regime parlamentar de tipo britânico, o que o chanceler não queria, mas que o príncipe herdeiro, Frederico, esposo da filha da Rainha Vitória, teria aprovado. Contra esse "partido inglês", Bismarck mobilizou os nacionalistas.

Em política exterior, o Chanceler desejava aproximar-se da França como ele havia feito da Áustria, apesar de Sadowa. Num estudo brilhante, rico em fórmulas mordazes, o historiador A. J. P. Taylor (*German's first bid for colonies,* Londres, 1938) mostra o Chanceler desejoso de não deixar a França isolada após sua desavença com a Inglaterra por causa do Egito. Era chegado o momento de tentar uma reaproximação. Esta parecia tanto mais sincera quanto a própria Alemanha se chocaria com a Inglaterra. Daí a procura de um conflito tanto no Sudoeste africano quanto nas Ilhas Fidji. "As colônias alemãs, crê o autor, foram o subproduto acidental de uma liga franco-germânica frustrada."

109

Menos sutilmente, mas mais verdadeiramente, observou-se que Bismarck, oportunista, pôde, após o Tratado de Makoko, recear que todas as costas africanas fossem ocupadas sem que a Alemanha tivesse seu quinhão. Ele não acreditava, pessoalmente, no futuro das colônias. Mas não queria que no futuro se pudesse censurar-lhe ter deixado passar a oportunidade. Ele não pôde, como a maioria dos imperialistas, deixar de 'ser psicologicamente influenciado por esse "Torsch-lusspanik" que assolava a Europa.

A pressão dos meios econômicos não parece ter sido decisiva. Os historiadores de Potsdam insistiram muito sobre esse ponto. Hans Peter Jeack particularmente, em seu estudo sobre *Die Deutsche Annexion* em Camarões publicado no primeiro volume de Helmuth Stoecker, *Kamerun unter Deutscher Kolonialherrschaft,* insiste nos laços entre o Conselheiro de Legação von Kusserow, o qual inspirou a política de Bismarck, e seu sogro, o banqueiro Adolph von Hansemann, chefe da poderosa *Disconto Gesellschaft.* Kusserow estava igualmente em ligação com o armador Woermann de Hamburgo e com Lüderitz.

Não menos orientado, mas muito mais polêmico, Manfred Nussbaum, em *Vom Kolonial Enthusiasmus zur Kolonialpolitik der Monopole* (Berlim, 1962), analisa a revolução do capitalismo alemão após 1870, insiste no acordo da grande indústria e dos fidalgos provincianos em favor do protecionismo adotado em 1878, e crê que a política colonial foi uma tentativa para resolver os problemas levantados pelas "contradições do capitalismo". A solução, entretanto, decepcionou e resultou no monopólio de alguns grandes exploradores.

Turner Jr., no capítulo indicado acima, atribui ao memorial de Kusserow a Bismarck, de 8 de abril de 1884, uma importância decisiva. Mesmo que o Chanceler evoluísse desde muito mais tempo para uma aceitação da expansão colonial, convenceu-o a revelação de que, pelo subterfúgio das companhias de cartas, se poderia incluir aí a Alemanha sem engajá-la financeiramente. A criação das companhias permitia tentar a experiência colonial limitando os riscos. A situação alcançada na Europa nesse momento pelo Chanceler lhe permitia imaginar mesmo uma retirada após o prejuízo

nesse domínio, sem que o prestígio da Alemanha so-
fresse com isso.

III. — Scramble e "corrida de obstáculos"

A *course au clocher* (corrida de obtáculos),
tradução francesa do termo inglês *steeple-chase*, foi introduzida na França em 1834. Desde 1832, Alfred de
Musset, em "Com que sonham as moças", Ato I, Cena
IV, faz uma descrição precisa desse esporte:

Avez-vous jamais vu les courses d'Angleterre?
On prend quatre coureurs — quatre chevaux sellés;
On leur montre un clocher, puis on leur dit: Allez!
Il s'agit d'arriver, n'importe la manière
L'un choisit un ravin, — l'autre un chemin battu.
Celui-ci gagnera s'il ne rencontre un fleuve;
Celui-là fera mieux, s'il n'a le cou rompu *.

A mais antiga menção que encontramos do termo
em sua acepção política se acha num artigo de Charles
Faure, publicado na *Revue Genevoise* de 5 de janeiro
de 1884 intitulado "L'Afrique explorée et civilisée." O
autor aí comenta as primeiras sessões da Conferência
de Berlim e precisa: "Nesses últimos tempos, a preparação tomava o caráter de uma verdadeira corrida de
obstáculos. Cabia, parece, a quem chegasse primeiro
hastear seu pavilhão sobre tal ou qual ponto da costa
da África ainda não possuído por uma das nações da
Europa".

Jules Ferry, no primeiro capítulo, intitulado "Cinq
ans après" de seu livro de 1890 sobre *Le Tonkin et
la mère patrie,* escreveu: "Um movimento irresistível
leva as grandes nações européias à conquista das terras
novas. É como uma imensa *steeple-chase* na rota do
desconhecido... Esta "corrida de obstáculos" data de
apenas cinco anos, e de ano para ano, se precipita,
como impelida pela velocidade adquirida..." Isso nos
leva portanto também a 1885. Mas o termo deve ter

(*) Já viram alguma vez as corridas da Inglaterra? / Pegam-se
quatro corredores — quatro cavalos selados; / Indica-se-lhes uma meta,
depois diz-se-lhes: Vão! / O problema é chegar, não importa como / Um escolhe uma ravina, — o outro, um caminho trilhado. / Este
ganhará se não encontrar um rio; / Aquele será mais bem sucedido,
se não se arrebentar. (N. do T.)

111

sido usado antes, pelo menos em 1884, quando Faure redigiu seu artigo publicado em janeiro de 1885. Nesse momento a imagem correspondia bem à realidade: os quatro competidores eram a França, Leopoldo, a Alemanha e a Inglaterra; os obstáculos se encontravam no Congo.

A origem da rivalidade remontaria, segundo Robinson e Gallagher, que dão uma importância maior à ruptura da liga franco-britânica no Egito, ou segundo Stengers, que não crê que o Egito tenha exercido nesse momento uma influência decisiva nos negócios congoleses, segundo nós mesmos, finalmente, à continuação dos trabalhos sobre a missão que Brazza realizara no Congo, em 1882.

O consenso dos historiadores sobre a responsabilidade da França que deu partida à competição, e sobre a data — 1882 — parecia unânime, quando, em 1969, C. W. Newbury e A. S. Kanya-Forstner publicaram no *Journal of African History* (t. X, pp. 253-276) um brilhante artigo intitulado: "French policy and the origins of the scramble for West Africa". Este texto é fundamental, mesmo que não se adote suas conclusões, porque ele oferece uma bibliografia exaustiva do assunto, refere inúmeros documentos freqüentemente inéditos, enfim, porque ele fornece aos interessados a síntese sobre o estado do problema em 1969. Utilizaremos logo essa excelente base de partida para propor uma reconciliação de compromissos aos dois partidos que se defrontam.

Newbury e Kanya-Forstner realizam finalmente um deslocamento no tempo e no espaço. O *scramble,* expressão inglesa para a "corrida de obstáculos", teria na realidade começado não em 1882, mas três anos antes, em 1879, e se dirigido não ao Congo mas à África Ocidental. E seguramente, argumentos convincentes não lhes faltavam. Kanya-Forstner apenas serviu-se da abundante documentação de sua notável tese *The conquest of the Western Sudan;* Newbury é um dos melhores conhecedores da história e da evolução econômica da África Ocidental. Nada faz duvidar que a rivalidade franco-britânica tenha sido aí antiga, que remonte provavelmente ao início do século XIX, pelo menos em Faidherbe, e que se tenha acentuado a partir

112

de 1879, quando Brière de Lisle e Rowe se opuseram ao caso de Matacong, e quando a opinião pública se interessou pela estrada de ferro transsaariana. Toda esta história está admiravelmente exposta no artigo do *Journal of African History* e os autores demonstram que, se até a abertura da questão do Egito em 1882, os dois governos buscaram sempre evitar o conflito, o *scramble* não deixava de existir. A ratificação pela França do Tratado de Makoko só teria criado "um novo *front*".

Mas um *front* contra quem? Certamente não contra os ingleses. Se esses últimos tivessem também sido ativos no Congo como na África Ocidental, é pouco provável que Duclerc, Presidente do Conselho e Ministro dos Negócios Estrangeiros, tivesse feito ratificar o Tratado de Makoko, apesar da resistência de seu colega da Marinha, o Almirante Jauréguiberry.

O único presente era a Associação Internacional do Congo, organismo privado que não fora ainda reconhecido por nenhuma potência e que não constituía um adversário num conflito diplomático. Era porque a França não se opunha nesse caso a nenhuma outra potência que Duclerc acreditou poder satisfazer a opinião pública, e fazendo isso, dar a partida para a "corrida de obstáculos".

À corrida de obstáculos, não ao *scramble*. Os dois termos não têm, com efeito, exatamente o mesmo significado. "Corrida de obstáculos" aparece, no vocabulário político, muito mais tarde que *scramble*. Se o termo inglês pode ser aplicado tão bem a uma rivalidade mais antiga, franco-britânica, anglo-portuguesa ou outra, como ao ímpeto geral sobre a África, consecutiva às intervenções de Leopoldo e de Bismarck, a expressão francesa *course au clocher* limita-se à rivalidade internacional posterior ao Tratado de Makoko. O *scramble* franco-britânico na África Ocidental remonta a 1879, e talvez a antes. A "corrida de obstáculos", internacional, no Congo e no Tchad, data de 1882, e se estenderá em seguida a outras regiões.

A questão pode parecer um pouco bizantina. No fundo, a responsabilidade é da França, todo mundo está de acordo. A discussão com relação a cerca de três anos sobre a data, parece irrelevante.

113

IV. — O mito da partilha de Berlim

A idéia de que a Conferência de Berlim dividiu a África é hoje em dia muito espalhada para que não se busque a pesquisar sua origem e a precisar os termos do debate.

A origem parece relativamente tardia. Parece que até a Primeira Guerra Mundial, os historiadores não atribuíam muita importância a essa reunião de diplomatas. Na grande *Histoire Générale du IVᵉ Siècle à nos jours,* publicada sob a direção de Ernest Lavisse e Alfred Rambaud (Paris, A. Colin, 1893-1903, 12 v. 8.º), no tomo XII, "Le Monde Contemporain 1870-1890", R. de Caix de St.-Aymour, autor do capítulo sobre *Le Partage de l'Afrique,* insistiu, com efeito, à p. 934, na criação, por negociações prosseguidas fora da Conferência, do Estado Independente que aderiu à Ata geral da conferência em 23 de fevereiro de 1885. "O novo Estado criado na África, prosseguiu o autor, devia ter outra vitalidade que a própria Ata de Berlim. Esta última continuou, em quase todos os pontos, uma solene mas vã manifestação de boa vontade diplomática. Havia estipulado a liberdade comercial absoluta na Bacia do Congo delimitada de uma maneira convencional, mas o Estado Independente estabeleceu aí verdadeiros monopólios. Decidira que a navegação seria livre tanto no Níger como no Congo, e sabemos que destino a companhia real do Níger deu a esta cláusula. Enfim, a Ata de Berlim editava diversos processos para a ocupação de territórios africanos, ou para arbitragem em caso de disputas, mas nessas diversas matérias continuou quase sempre letra morta."

Os contemporâneos em geral não fizeram muito caso da Ata. Num pequeno artigo da revista belga *Zaïre* intitulado "À propos de l'Acta du Berlin, ou Comment naît une légende... (Bruxelas, out. 1953, pp. 839-844), Jean Stengers constata que na época, diplomatas como Emile Banning que redigiu em junho de 1885 suas memórias políticas e diplomáticas publicadas em 1924, Sir Edward Malet, Embaixador da Inglaterra, e outros, acreditavam que a Ata não mudaria em nada a situação preexistente. Procurando a origem da lenda que se espalhou na França, Stengers cita R. Ronze, *La question de l'Afrique,* Paris, 1918, 8.º, que escreveu, à p. 185:

"Os diplomatas aderiram pouco a pouco à doutrina alemã do *Hinterland* que admitia que toda potência européia estabelecida sobre a costa tinha direitos especiais sobre as populações do interior e podia recuar indefinidamente as fronteiras de seus territórios até que ela encontrasse uma zona de influência vizinha ou um Estado organizado". Tamanha indignidade foi textualmente recopiada no livro de vulgarização de R. e M. Cornevin, *Histoire de l'Afrique*, Paris, Pequena biblioteca Payot, 1964, p. 300.

Entrementes, Georges Hardy, em *Vue générale de l'histoire de l'Afrique*, Paris, 1922, p. 129, depois no importante livro da coleção de "l'Evolution de l'Humanité", *La politique coloniale et le partage de la Terre aux XIXᵉ et XXᵉ siècles*, Paris, 1937, pp. 194-195, afirma igualmente que a Ata de Berlim proclamou a doutrina do *Hinterland*. No mesmo ano na coleção que granjeou autoridade, de "Peuples et Civilisations", Maurice Baumont publicou *L'essor industriel et l'impérialisme colonial*. Ele afirmou, pp. 97-98, que a Ata de Berlim, reconhecendo o direito do *Hinterland* e exigindo sua ocupação, colocaria "a teoria das esferas de influência". Essa mesma idéia se encontra em G. Hardy, no volume da coleção "Clio", destinada a estudantes, publicada em 1939 por P. Renouvin, E. Préclin e G. Hardy: *L'époque contemporaine, II: La paix armée et la grande guerre de 1871-1919*, depois, em vários "Que sais-je?": André Julien: *Histoire de l'Afrique*, Paris, 1942, p. 108: "Pela primeira vez fixaram-se as regras do novo imperialismo: toda potência instalada na costa poderia reivindicar o *Hinterland*... Assim se afirmou a teoria das zonas de influência que permitiu a divisão da África". H. Deschamps, *L'éveil politique africain*, Paris, 1952, p. 40: "A Conferência de Berlim decidiu... que a costa dava direito ao interior do território". X. Yacono, *Histoire de la colonisation française*, Paris, 1969, p. 52: "A Conferência de Berlim reconhece "ao possuidor da costa o direito ao *Hinterland*".

Em *L'expansion coloniale de la France sous la Troisième République*, Paris, 1969, p. 119, Jean Ganiage dá a conhecer que "a Ata de Berlim elaborava um código internacional com vistas à divisão da África... Em matéria de instalação colonial, o congresso enunciava dois grandes princípios: um Estado civilizado que ocupava uma região da costa africana tinha direito ao interior do país, mas só a ocupação efetiva podia justificar o direito à conquista...".

Essas referências não visam censurar tal ou qual autor. Todo historiador profissional sabe perfeitamente que não pode evitar, apesar de seus esforços e seu escrúpulo, freqüentes erros. Nós os cometemos muitas vezes, e nossos colegas os assinalarão provavelmente nesse pequeno livro. Somente as obras reeditadas "revistas e corrigidas", são isentas destes. Jean Claude Nardin, que com boa vontade quis reler nosso manuscrito, nos revelou vários deles, e nós lhe somos particularmente agradecidos por isso. Se retomamos esse debate sobre a Conferência de Berlim, é porque ele apresenta um interesse mais geral sobre a formação dos mitos na opinião pública.

Parece em suma que, depois de uns cinqüenta anos, a tendência tenha sido de polarizar sobre a Conferência de Berlim todas as críticas que os acontecimentos posteriores suscitaram contra o imperialismo. O fato se explica pela solenidade da conferência internacional, pelo *slogan* da divisão, e pela imagem que ela evoca dos diplomatas reunidos em frente do mapa da África para partilhar esse continente. É aliás indiscutível que Berlim acelerou muito a divisão, e, se se considerar os acontecimentos que seguiram, 1885 representa bem o ponto inicial da arremetida para o interior do continente. Mas precisamente no debate entre os que defendem a tese da divisão e os que a refutam, a diferença vem da época na qual eles se situam para apreciar a importância da Conferência. Os que julgam retrospectivamente, a partir de nossos dias, constatam a aceleração, e consideram as aparentes precauções dos diplomatas contra a divisão como hipocrisias. Eles atribuem a todos os membros da Conferência as mesmas idéias preconcebidas, as mesmas convicções e as mesmas intenções. Interpretam a Ata geral, não literalmente mas com certa imaginação.

O historiador que, pelo contrário, se coloca também no nível do acontecimento, e procura explicá-lo ignorando o que se segue e que os contemporâneos não podiam conhecer, julgam-no de outro modo. A Ata geral pode parecer a seus olhos como um esforço tanto para frear a divisão como para acelerá-la.

Os diplomatas, acostumados a considerar a África negra somente sob o aspecto do comércio costeiro, não se encantavam com o interior do "continente misterioso". Eles esperavam que limitando nas costas suas regulamentações, recusando-se a oficializar a doutrina do *Hinterland,* que a maioria dos juristas condenava, e mesmo criando esse monstruoso Estado independente, entorpecido por uma regulamentação de navegação que não teria sido muito discutida se não se acreditasse na sua aplicação, retardariam o momento em que os governos fossem obrigados a pesadas despesas para a ocupação dos novos territórios.

Os termos da Ata geral não autorizam a falar em uma divisão de Berlim. Seu espírito só o permite se interpretarmos os silêncios de seus redatores, que não tinham evidentemente todos a mesma opinião. Nós resolvemos nos colocar em 1885 e nos apegarmos ao texto, porque se tentássemos sondar os rins e os corações para tirar daí um espírito, o debate continuaria sempre aberto.

V. — O processo do Hinterland e as zonas de influência

O termo *spheres of influence* aparecia no acordo anglo-alemão de 29 de abril de 1885 (esfera de ação) e na correspondência trocada entre Lord Granville e o Conde de Münster, em 29 de junho de 1886 sobre o tema do acordo germano-britânico de 1.º de novembro de 1886. Mas a idéia é muito mais antiga. Encontramo-la já nas rivalidades entre companhias de comércio no século XVIII, nos acordos, por exemplo, sobre as regiões em que nenhuma delas se reservava o monopólio do comércio do ouro, de escravos ou da borracha.

Introduzida no direito internacional, a noção de zona de influência espalhou-se imediata e universalmente.

Os juristas por certo contribuíram poderosamente com ela, definindo-a, diversificando-a, justificando-a em parte, porque era conveniente. Podemos encontrar na tese de Direito de Julien Pierrat: *Le Procédé de l'Hinterland* (Nancy, 1906) uma exposição superficial mas própria para orientar as pesquisas e uma bibliografia sucinta. A obra lembra de início que em seguida aos trabalhos de Pufendorf, Vattel etc., todo o mundo estava de acordo, no fim do século XVIII, em condenar *as ocupações fictícias,* baseadas na prioridade da descoberta ou no pavilhão apressadamente hasteado, a inscrição gravada num rochedo, no decorrer de uma efêmera escala. Jean-Jacques Rousseau resumiu a doutrina no *Contrato Social,* em 1762:

"Em geral, para garantir sobre qualquer extensão de terra o direito de primeira ocupação, é necessário... que se tome posse, não com uma vã cerimônia, mas com o trabalho e a cultura, único signo de propriedade que, na falta de títulos jurídicos, deve ser respeitado por outrem."

Pode-se encontrar antecedentes na prática imperialista da delimitação da Luisiânia pelos Estados Unidos em 1805. A ocupação da embocadura de um rio, admitiam eles, criaria um direito sobre o conjunto da bacia. O Presidente John Quincy Adams invocou esta tese em sua mensagem ao Congresso a 28 de dezembro de 1827. Ela se desenvolveu em seguida numa *Doctrine of continuity* (direito de vizinhança) que autorizava o Estado instalado numa costa a estender sua ocupação às terras do interior que formassem com o litoral um "conjunto natural", ou ainda, nos enclaves situados no interior de suas possessões (direito de enclave). Tudo isso constituía uma doutrina do *Hinterland moral,* em geral condenada pelos juristas da época imperialista, que a distinguiam do *hinterland convencional* este, fundado em tratados.

O sinônimo de *hinterland convencional* é a esfera, ou zona de influência: "A essência desse processo, nota Frantz Despagnet, num artigo "Les occupations de territoires et le procédé d'hinterland" da *Revue Générale de Droit International* de 1894 (p. 109), consiste em fixar por um acordo internacional uma linha topográfica, aquém da qual cada país tem o direito de ocupação ou de estabelecimento de protetorado, com exclusão do outro Estado contratante. Em contrapartida, cada país se obriga a não fazer nenhuma tentativa de aquisição de território ou de protetorado, e a não entravar a influência do outro Estado contratante além da linha fixada".

Os trabalhos dos juristas justificaram, logo após, os tratados de divisão, quer fazendo notar que a Ata de Berlim exigia a ocupação efetiva das "ocupações", não dos "protetorados", os quais bastava notificar, quer lembrando que só se referiam às costas, quer ainda propondo prazos bastante longos — 25 a 30 anos — no decorrer dos quais a ocupação se tornaria efetiva, ou no vencimento dos quais o território ainda não ocupado tornava-se *res nullius*.

Vê-se que, nesse aumento de princípios novos, o Direito, como acontece muitas vezes, vem ao socorro dos fatos realizados. Albert de Pouvourville, em seu artigo da *Revue Générale de Droit International* de 1899, escreveu: "Uma diplomacia muito complacente vem ao auxílio, por meio de ficções novas muito especiosas, ainda que sem grande valor de conteúdo, dos Estados oprimidos ou em atraso com relação aos outros... Colocada em uso pela audácia de uma Potência, toda a Europa está hoje em dia empregando essas convenções e o uso dessas formas bizarras que cumpre determinar, se bem que seja difícil de apreciar sua solidez e sobretudo seu valor moral" (p. 115).

A busca histórica sobre o aparecimento dessas ficções muito especiosas nas revistas especializadas e nos jornais, continua por fazer. Ela colocaria o problema da influência das opiniões públicas sobre a ação dos governos.

VI. — Opinião pública e grupos de pressão

Nenhuma dúvida com relação ao mapa: a explosão da Europa invadiu toda a África negra num tempo recorde entre 1880 e 1900. Mas quem é a Europa?

— A Inglaterra, a França, a Alemanha, Portugal e a Bélgica.

Mas quem são eles próprios?

Fala-se por toda parte e sempre da influência da opinião pública sobre os governos; seus agentes não deixaram, no decorrer de muitas negociações tão importantes, como por exemplo as dos tratados de 1890, de evocar as posições e de calcular as reações dessa opinião: a que, exatamente, faziam eles alusão? Isso

119

depende dos casos: um pensando em artigos de imprensa, o outro se inquietando com os debates parlamentares, um terceiro crendo-se informado pelos relatórios da polícia, por sua correspondência particular ou por conversações diversas. Seria provavelmente impossível precisar o que, nas diversas circunstâncias, um Jules Ferry, um Bismarck ou um Salisbury entendiam por esse termo vago — opinião pública.

Os métodos recentes de sondagens trouxeram, entretanto, revelações. A primeira é a existência das "maiorias silenciosas", a segunda, a extraordinária ignorância, mesmo dos que não participavam desse silêncio. As maiorias silenciosas não lêem nem as revistas especializadas, nem os jornais de opinião de pequena tiragem. Para aproximá-las, é necessário restringir-se aos jornais de grande tiragem que refletem a opinião tal como a formam. Na França, *Le Matin*, o *Petit Journal*, o *Petit Parisien*, que editavam respectivamente, em 1914, cerca de 900 000, um milhão e um milhão e meio de exemplares. Ao folheá-los, constata-se que não se entregam a campanhas cuidadosamente organizadas em favor de causas políticas. Fizemos uma sondagem sobre o escândalo do Congo em fevereiro de 1905. Quando *Le Matin* o descobre, em 16 de fevereiro, seu artigo sobre *Les bourreaux des noirs* (Os verdugos dos negros) figura bem em primeira página, mas na sexta e última coluna. As duas primeiras são ocupadas por um editorial vagamente filosófico de um nível aflitivo, sobre "O vício humano de buscar as causas e os efeitos". No centro, com uma grande foto de um navio de guerra, um comentário sobre a batalha naval de Port-Arthur de 10 de agosto precedente, entre russos e japoneses, e um pequeno artigo sobre a instrução do caso Syveton. O *Petit Parisien*, que se apodera dos "escândalos coloniais" desde 15 de fevereiro, refere-se ao caso dias depois, mas sempre nas últimas colunas de sua primeira página. Ele relata o caso em forma de romance policial: prisão comovente de Tocqueé, velha mãe em lágrimas, mutismo dos magistrados, entrevista com o advogado, "contrariedade" no Ministério das Colônias ou com um "alto funcionário" anônimo que continua evasivo. O leitor da maioria silenciosa encontra aí seu alimento emocional, mas de que se informa ele? Nenhum dos jornais publica um esboço, situando o Congo na África, e Krebédjé ou Bangui, lugares do crime, no Congo.

Pergunta-se então em que medida os problemas coloniais puderam penetrar na consciência das massas. Nada faz duvidar de que nessa época cada francês sabia onde se encontrava e o que era a Alsácia Lorena. Mas o Congo, o Sudão, o Tchad? Não havia, no conjunto da população, uma convicção favorável ou hostil à colonização. Não havia senão ignorância e indiferença.

A opinião pública se reduzia então aos leitores dos jornais de opinião e principalmente de revistas especializadas, de pequena tiragem: *Bulletin du Comité de l'Afrique française, Revue Maritime et Coloniale, Quinzaine Coloniale* etc. Aí se exprimiam não mais os que refletem a opinião, mas os que a formam. Passa-se, portanto, da noção geral e vaga de opinião pública àquela muito mais precisa de "grupos de pressão". Esses grupos diversos e de importância muito variada reuniam elites. Seus membros intelectuais, homens de negócio, técnicos, militares — estavam amiúde em relação com o pessoal político, de que eles mesmos algumas vezes faziam parte. Foram eles que influenciaram o governo. O exemplo mais típico, recentemente estudado, é o dos militares no Sudão. Kanya-Forstner demonstrou em *The conquest of the Western Sudan* que a conquista do Sudão foi devida à vontade, à tenacidade, à independência em face do governo da "súcia" militar.

Exaltou-se amiúde a coragem dos heróis que, por sua própria iniciativa, "deram" colônias à mãe-pátria. Mas, sem esquecer seu papel, cumpre constatar que tiveram êxito somente com o apoio de um grupo de pressão. Quando Brière de Lisle e Rowe colocaram seus governos em conflito nas costas da Guiné, esses últimos finalmente lhes chamaram para acertar a questão amigavelmente. Hargreaves analisou bem essa história em seu *Prelude to the Partition of West Africa.* Igualmente, quando em 1880 Olivier de Sanderval negociou com o almami, de Futa-Djalon para assegurar uma ligação por via férrea entre o alto Senegal e a costa da Guiné, malogrou porque estava só.

Quando, pelo contrário, no mesmo ano, Brazza assinou por sua própria iniciativa os Tratados de Makoko que ninguém o havia encarregado de concluir, tinha ele atrás de si a Sociedade de Geografia e o Comitê francês da Associação Internacional Africana, além de personalidades como Lesseps, Quatrefages, o Deputado Georges Perin etc., que o Ministro da Marinha, Almirante Jauréguiberry, devia levar em consideração.

Carl Peters se gabou de ter partido sozinho e sem o apoio do governo do Reich. Mas de um lado os meios da expedição lhe foram fornecidos pelos subscritores da sociedade para a colonização alemã, e de outro Peters mentia. Fritz Ferdinand Müller provou que tinha advertido o governo, e que Bismarck, sem encorajá-la, não lhe havia proibido de tentar a aventura. Cecil Rhodes dispôs de uma enorme fortuna para constituir seu grupo e para impor uma política cujos métodos eram discutíveis, mas cujo fim último — o Cabo-Cairo — não era contrário aos votos do governo. Em curto tempo, os agentes locais souberam ganhar o triunfo, mas se venceram é porque não estavam isolados.

O papel essencial desses grupos de pressão, que insistiram quer sobre as necessidades econômicas sem que essas fossem evidentes, como tentamos estabelecer em *Mythes et réalités de l'impérialisme colonial français,* quer sobre a ideologia nacionalista, como os pangermanistas, foi de forjar os grandes mitos do imperialismo, de colocar em forma de *slogans* os programas de expansão, como, o "bloco" africano ou euro-africano francês quando da "corrida para o Tchad", a "Mittel Afrika" germânica, constituída pela junção da África Oriental e dos Camarões, a reunião sob a égide de Portugal, de Angola a Moçambique, o Cabo-Cairo britânico, que, em seus relatórios, o Capitão Marchand transformava em "Cruz britânica", desconfiando de que os ingleses desejavam reunir o Sudão egípcio à Nigéria.

Esses programas exagerados amedrontavam os governos. Eles supunham acordos internacionais difíceis de concluir, e despesas consideráveis. Para realizá-los, transtornando o mapa da partilha tal como era desenhado em 1904, foi necessário atacar os mais fracos, despedaçar colônias portuguesas e belgas e distribuir os pedaços aos mais fortes. O choque entre a Inglaterra e Portugal alertou a opinião, não por causa do interesse que essa demonstrava na África, mas por causa da forma, inutilmente humilhante, escolhida por Salisbury, responsável pelo ultimato de 11 de janeiro de 1890 (J. A. Hannah, *The Beginnings of Nyassaland...,* pp. 147-149, e R. J. Hammond, *Portugal and Africa,* p. 132). O projeto de divisão de 30 de agosto de 1898 se inscreve no quadro da tese das zonas de influência (Hammond, 253 e s.). Willequet demonstrou, em *Le Congo belge et la Weltpolitik,* que esses projetos continuaram imprecisos e que as chancelarias não os levaram a sério.

Os esforços dos grupos de pressão não influíram sempre sobre a opinião pública. Quando os acontecimentos obrigavam esse a tomar subitamente consciência de que as iniciativas dos grupos tinham comprometido a nação, a maioria silenciosa se inquietava. A questão levantada passava agora bruscamente ao primeiro plano da atualidade. Assim ocorreu quando da revolta tunisina após o Tratado de Bardo em 1881, quando da retirada precipitada de Lang Son em 1885, quando do choque franco-britânico de Fachoda. Em todos esses casos, a opinião tinha ignorado o que havia sido empreendido. Roger Glenn Brown, em seu estudo *Fashoda reconsidered. The Impact of Domestic Politics on French Policy in Africa 1893-1898,* mostrou bem como a expedição tinha sido preparada sob a pressão do Comitê da África Francesa e dos militares. Os governos, orientados para a política interior, não tinham dado atenção a isso a ponto de deliberar seriamente no Conselho de Ministros.

Por mais violentas que fossem as reações da opinião, elas se acalmavam depressa. Apesar das longas sessões de interpelações na Câmara, e as revelações às vezes turbulentas de "escândalos coloniais", esses últimos, com a única exceção da queda de Jules Ferry após Lang Son, jamais puseram os ministérios em perigo.

O fato destacado parece ser o de que uma opinião no sentido lato não pode ser afetada, no mesmo momento, por várias questões. Há sempre uma que domina. Percebe-se isto consultando inicialmente a imprensa de informação de grande tiragem, em seguida somente os jornais de opinião, a literatura e a tradição oral. Na França, entre 1870 e 1914, os grandes temas que mantiveram a opinião em suspense foram a Alsácia Lorena e o laicismo. Sua permanência explica que as outras "emoções" tenham sido fogo de palha.

123

Bibliografia

Introdução e obras de iniciação geral

Da quantidade de estudos consagrados à África antes da era imperialista e à história das relações internacionais destacam-se, em nossa opinião, para uma introdução séria:

ROLAND OLIVIER e J. D. FAGE, *A short history of Africa*, Londres, Penguin Books, 1962, 16.º.
Faz uma exposição sucinta da evolução de toda a África desde a pré-história.
ROLAND OLIVIER e ANTHONY ATMORE, *L'Afrique depuis 1800*, Paris, 1970, 8.º, trad. de: *African since 1800*, Cambridge, 1967.
Manual precioso porque abarca o conjunto do continente e o conjunto colonização-descolonização. Necessariamente sucinto levando-se em conta seu volume.
A bibliografia das obras em francês e em alemão deixa a desejar.
J. D. FAGE, *An Atlas of African History*, 2. ed., Londres, 1963, 4.º. Indispensável.
YVES PERSON, *Samori, uma revolução diula*, Dakar, I.F.A.N., t. I, 1968, t. II, 1970, t. III em andamento.
Enorme tese, preciosa para os especialistas. Fonte de informações sobre a evolução social e política da África Ocidental pré-colonial.
YVES J. SAINT-MARTIN, *L'Empire toucouleur 1848-1897*, Paris, 1970, 8.º.
Baseado em documentos de arquivos em grande parte inéditos, estuda a organização do Estado tucolor e sua desagregação. Pequeno livro, ilustrado, contendo uma cronologia comparada e uma bibliografia selecionada, faz compreender bem a relativa facilidade da conquista imperialista.

124

J. D. HARGREAVES, *Prelude to the partition of West Africa*, Londres, 1963, 8.º.

Analisa principalmente a rivalidade franco-britânica antes da Conferência de Berlim.

BERNARD SCHNAPPER, *La politique et le commerce français dans le golfe de Guinée (1838-1871)*, Paris, 1961, 8.º, é o estudo mais investigado, o mais documentado, o mais claro que se publicou sobre o comércio da França com a África Ocidental antes de 1870.

Para as relações internacionais consulte-se os tomos V e VI, marcadamente claros e solidamente documentados, da história das relações internacionais publicados sob a direção de Pierre Renouvin:

PIERRE RENOUVIN, *Le XIXᵉ siècle de 1815 à 1871. L'Europe des nationalités et l'éveil du nouveau monde*, Paris, 1954, 8.º.

——*Le XIXᵉ siècle de 1871 à 1914. L' apogée de L' Europe*, Paris, 1955, 8.º.

Isso não dispensa que se recorra a duas obras magistrais, muito pesquisadas e muito ricas por sua abertura sobre os problemas econômicos, técnicos, sociais e morais ligados à diplomacia, de:

W. L. LANGER, *The diplomacy of Imperialism, 2* ed., Nova York, 1950, 8.º.

R. ROBINSON e J. GALLAGHER, *Africa and the Victorians*, Londres, 1961, 8.º.

Descrevem com muita finura e perspicácia os meios diplomáticos ingleses, e crêem que sua atividade foi, sobretudo, orientada pela defesa do caminho das Índias e pela questão do Egito. Sobre as controvérsias suscitadas por essa notável obra, cf. o artigo de JEAN STENGERS, L'Impérialisme colonial de la fin du XIXᵉ siècle: Mythe ou Réalité, *Journal of African History*, III, 1962, pp. 469-491.

Os primórdios da divisão

Além das obras citadas no sumário, e de que emergem as de PAUL LEROY-BEAULIEU, AGNÈS MURPHY, W. L. LANGER e A. S. KANYA-FORSTNER, nos transportaremos utilmente para os estudos da obra coletiva:

L. H. GANN e PETER DUIGNAN, (eds.), *The history and politics of colonialism 1870-1914*, Cambridge, 1969, 8.º (Hoover Institution Publications), assim como aos três primeiros capítulos de:

MICHAEL CROWDER, *West Africa under Colonial Rule*, Londres, 1968, 8.º.

Os livros de HARGREAVES, SAINT-MARTIN e PERSON assinalados acima (Introdução) são igualmente úteis.

125

A engrenagem do Congo

Sobre a exploração, a melhor obra de conjunto é:

MARGERY PERHAM e J. SIMMONS, *African discovery*.
J. SIMMONS, *Livingstone and Africa*, Londres, 1955, 16.º.
Resume num pequeno livro, alerta e preciso, a biografia do médico-missionário-explorador.

Não há obra de conjunto sobre as viagens de Stanley, cuja personalidade é notavelmente posta a nu por:
IAN ANTHRUSTER, *I Presume. Stanley's triumph and disaster*, Londres, 1956, 8.º.

Sobre Brazza consultem-se os volumes da coleção: "Documents pour servir à l'Histoire de l'Afrique equatoriale française", segunda série:
Brazza et la fondation du Congo français. t. I: *Brazza explorateur: l'Ogué*, sob a direção de Henri Brunschwig. Paris, 1966, 8.º, t. II: *Les Traités Makoko*, Paris, 1971, 8.º; t. III: *Brazza et la prise de possession du Congo*, por CATHERINE COQUERY-VIDROVITCH, Paris, 1969, 8.º.

A política de Brazza é analisada em:
HENRI BRUNSCHWIG, *L'Avènement de l'Afrique noire*, Paris, 1963, 8.º.

Sobre Leopoldo II, da confusão de livros e artigos que não cessaram de proliferar, emerge inicialmente de um excelente quadro psicológico e moral:
NEAL ACHESON, *The King incorporated. Leopold the second in the age of trusts*, Londres, 1963, 8.º.

Sobre a ação de Leopoldo II, não se pode deixar de recorrer às obras, um pouco difusas, mas muito documentadas do padre:
A. ROEYKENS, *Les débuts de l'œuvre africaine de Léopold II, 1876-1879*, Bruxelas, 1955, 8.º; *Le dessein africain de Léopold II. Nouvelles recherches sur sa genèse et sa nature (1875-1876)*, Bruxelas, 1956, 8.º; *Léopold II et la Conférence géographique de Bruxelles, 1876*, Bruxelas, 1956, 8.º; *La période initiale de l'œuvre africaine de Léopold II*, nouvelles recherches et documents inédits 1875-1883, Bruxelas, 1957. *Léopold II et l'Afrique, 1855-1880*, essai de synthèse et de mise au point, Bruxelas, 1958, 8.º. Esse último volume, que remete aos precedentes e a uma bibliografia de uma centena de títulos deve ser inicialmente consultado.
J. STENGERS, *Combien le Congo a-t-il coûté à la Belgique?* Bruxelas, 1957, 8.º. Comporta um estudo original e aprecia a rentabilidade financeira da ação de Leopoldo e: Léopold et la Rivalité Franco-anglaise en Afrique, 1822-1884, *Revue belge de philosophie et d'histoire*, t. XLVII, 1969, n. 2, pp. 425-479, esclarece sobre a fixação das fronteiras do Estado Independente.
FRANÇOIS BONTINCK, *Aux origines de l'Etat indépendant du Congo*, Lovaina, 1966, 8.º. Renova a história do Congo Belga, particularmente no que concerne à atividade de Stanford em favor do reconhecimento pelos Estados Unidos, e a Conferência de Berlim.

Completaremos essa escolha com os títulos mencionados acima, em "Problemas e controvérsias" a propósito da *Política de Bismarck* e de *Scramble e corrida de obstáculos.*

A Conferência de Berlim

A antiga monografia de:

E. SYBIL CROWE, *The Berlin West African Conference 1884-1855,* Londres, 1942, 8.º.
Sempre de utilidade, deve ser atualizado com a ajuda de numerosos estudos de pormenores publicados depois.
Devemos nos referir ao livro de François Bontinck e ao artigo de Jean Stengers, citados acima, na bibliografia de nossos "Problemas e controvérsias", *Politique coloniale de Bismarck* e *Scramble et course au clocher,* no capítulo de Roger Louis: *The Berlin Conference revisited* de obra coletiva em andamento:
PROSSER GIFFORD e ROGER LOUIS, *France and Britain in Africa. Imperial rivalry and Colonial Rule,* Newhaven, Londres, 1971, 8.º.
O relatório e os processos verbais redigidos para o Quai d'Orsay são essenciais:
E. ENGELHARDT, *Documents diplomatiques.* Affaires du Congo et de l'Afrique occidentale, Paris, Ministério dos Negócios Estrangeiros, 1885, 4.º (Livro Amarelo).

A África Oriental

Nosso texto se baseia essencialmente na síntese dos acontecimentos, breve e precisa de:

L. W. HOLLINGSWORTH, *Zanzibar under the Foreign Office, 1890-1913,* Londres, 1953, 16.º.
F. F. MÜLLER, *Deutschland, Zanzibar, Ost-Africa. Geschichte einer deutschen Kolonialeroberung 1884-1890,* Berlim, 1959, 8.º.
Renova toda a história da penetração na África Oriental. Tanto sobre Peters, a intervenção militar alemã, os interesses capitalistas em jogo, Emin Pacha e os pangermanistas, como sobre a política britânica e os interesses de Mackinnon e de seus associados, esse grande livro, de tendência marxista, é indispensável.
Sobre a evolução do conjunto da África Oriental no decorrer do período da divisão, consulte-se a obra coletiva de ROLAND OLIVIER e GERVASE MATHEW (a quem sucedeu para o tomo II, E. M. CHILVER):
History of East Africa, Oxford, t. I, 1963, t. II, 1965, 8.º.
Mais especialmente t. I, cap. VII-XII e t. II, cap. I e III.
Duas obras mais antigas continuam úteis:
REGINALD COUPLAND, *East Africa and its invaders from the earlier times to the death of Seyyid Said in 1850,* 2. ed. Londres, 1938, Oxford, 1958, 8.º, e *The Exploitation of East Africa 1856-1890,* Londres, 1939, 8.º.

127

Finalmente, para entender o que significou, nos planos psicológico, sociológico, econômico, o contato entre bantos e brancos, dever-se-ia ler a notável obra de:
PHILIP MASON, *The birth of a dilemma. The conquest and settlement of Rhodesia,* Londres, Oxford, 1958, 8.º.

Os grandes tratados de divisão

As principais coleções dos tratados são:

DE CLERCQ, *Recueil des traités de la France,* Paris, 1880, 23 v., 8.º.
MINISTÉRIO DA MARINHA E DAS COLÔNIAS, *Recueil des traités, Afrique.*
E. ROUARD DE CARD, *Traités de délimitation concernant l'Afrique française,* Paris, 1908, 8.º.
Sobre os tratados de 1890, além das obras citadas acima de Renouvin, Langer, Hollingsworth, o artigo de:
A. S. KANYA-FORSTNER, French African Policy and the anglo-french Agreement of 5 August 1890, *The Historical Journal,* t. XII, n.º 4, 1969, pp. 628-650.
Mostra bem a ligação entre o acordo germano-britânico e a troca de cartas franco-britânicas. O autor, que não explica por que Salisbury tinha "esquecido" de informar à França das negociações com a Alemanha, mostra que os dirigentes franceses ficaram satisfeitos na época com os resultados obtidos. Sua tese tira portanto a força da dos historiadores franceses segundo a qual o acordo de 5 de agosto de 1890 fora interpretado como um desastre. A opinião, entretanto, muito rapidamente, aceitou essa última atitude. Restaria precisar essa evolução, e particularmente a de Eugène Etienne.
Sobre Fachoda, as obras mais recentes e mais completas são:
GEORGE N. SANDERSON, *England, Europe and the Upper Nile,* Edimburgo, 1965, 8.º. Esta obra será completada com a tese ainda em manuscrito, mas em vias de publicação de:
MARC MICHEL, *La Mission Marchand 1895-1899* (no prelo) e: ROBERT O. COLLINS, *King Leopold, England and the Upper Nile 1889-1909,* New Haven e Londres, 1968, 8.º.
ROGER GLENN BROWN, *Fashoda Reconsidered. The Impact of Domestics Politics on French Policy in Africa (1893-1898),* Baltimore e Londres, 1970, 8.º.

Coleção Khronos

1. *O Mercantilismo*, Pierre Deyon
2. *Florença na Época dos Medici*, Alberto Tenenti
3. *O Anti-Semitismo Alemão*, Pierre Sorlin
4. *Os Mecanismos da Conquista Colonial*, Ruggiero Romano
5. *A Revolução Russa de 1917*, Marc Ferro
6. *A Partilha da África Negra*, Henri Brunschwig
7. *As Origens do Fascismo*, Robert Paris
8. *A Revolução Francesa*, Alice Gérard
9. *Heresias Medievais*, Nachman Falbel
10. *Armamentos Nucleares e Guerra Fria*, Claude Delmas
11. *A Descoberta da América*, Marianne Mahn-Lot
12. *As Revoluções do México*, Américo Nunes
13. *O Comércio Ultramarino Espanhol no Prata*, Emanuel S. da V. Garcia
14. *Rosa Luxemburgo e a Espontaneidade Revolucionária*, Daniel Guérin
15. *Teatro e Sociedade: Shakespeare*, Guy Boquet
16. *O Trotskismo*, Jean-Jacques Marie
17. *A Revolução Espanhola 1931-1939*, Pierre Broué
18. *Weimar*, Claude Klein
19. *O Pingo de Azeite: A Instauração da Ditadura*, Paula Beiguelman
20. *As Invasões Normandas: Uma Catástrofe?*, Albert D'Haenens
21. *O Veneno da Serpente*, Maria Luiza Tucci Carneiro
22. *O Brasil Filosófico*, Ricardo Timm de Souza
23. *Schoá: Sepultos nas Nuvens*, Gérard Rabinovitch
24. *Leni Riefenstahl: Cinema e Nazismo*, Luiz Nazário
25. *Dom Sebastião no Brasil*, Marcio Honorio de Godoy
26. *Espaço (Meta)Vernacular na Cidade Contemporânea*, Marisa Barda
27. *Os Druidas*, Filippo Lourenço Olivieri

História na Perspectiva

Nova História e Novo Mundo, Frédéric Mauro (D013)
História e Ideologia, Francisco Iglésias (D028)
A Religião e o Surgimento do Capitalismo, R. H. Tawney (D038)
1822: Dimensões, Carlos Guilherme Mota (D067)
Economia Colonial, J. R. Amaral Lapa (D080)
Do Brasil à América, Frédéric Mauro (D108)
História, Corpo do Tempo , José Honório Rodrigues (D121)
Magistrados e Feiticeiros na França do Século XVII, Robert Mandrou (D126)
Escritos sobre a História, Fernand Braudel (D131)
Escravidão, Reforma e Imperialismo, Richard Graham (D146)
Testando o Leviathan, Antonia Fernanda Pacca de Almeida Wright (D157)
Nzinga, Roy Glasgow (D178)
A Industrialização do Algodão em São Paulo, Maria Regina C. Mello (D180)
Hierarquia e Riqueza na Sociedade Burguesa, Adeline Daumard (D182)
O Socialismo Religioso dos Essênios, W. J. Tyloch (D194)
Vida e História, José Honório Rodrigues (D197)
Walter Benjamin: A História de uma Amizade, Gershom Scholem (D220)
De Berlim a Jerusalém, Gershom Scholem (D242)
O Estado Persa, David Asheri (D304)
Falando de Idade Média, Paul Zumthor (D317)
Nordeste 1817, Carlos Guilherme Mota (E008)
Cristãos Novos na Bahia, Anita Novinsky (E009)
Vida e Valores do Povo Judeu, Unesco (E013)
História e Historiografia do Povo Judeu, Salo W. Baron (E023)
O Mito Ariano, Léon Poliakov (E034)
O Regionalismo Gaúcho, Joseph L. Love (E037)
Burocracia e Sociedade no Brasil Colonial, Stuart B. Schwartz (E050)
De Cristo aos Judeus da Corte, Léon Poliakov (E063)
De Maomé aos Marranos, Léon Poliakov (E064)
De Voltaire a Wagner, Léon Poliakov (E065)
A Europa Suicida, Léon Poliakov (E066)
Jesus e Israel, Jules Isaac (E087)
A Causalidade Diabólica I, Léon Poliakov (E124)
A Causalidade Diabólica II, Léon Poliakov (E125)
A República de Hemingway, Giselle Beiguelman (E137)
Sabatai Tzvi: O Messias Místico I, II, III, Gershom Scholem (E141)
Os Espirituais Franciscanos, Nachman Falbel (E146)
Mito e Tragédia na Grécia Antiga, Jean-Pierre Vernant e Pierre Vidal-Naquet (E163)
A Cultura Grega e a Origem do Pensamento Europeu, Bruno Snell (E168)
O Anti-Semitismo na Era Vargas, Maria Luiza Tucci Carneiro (E171)
Jesus, David Flussser (E176)
Em Guarda Contra o "Perigo Vermelho" , Rodrigo Sá Motta (E180)
O Preconceito Racial em Portugal e Brasil Colônia , Maria Luiza Tucci Carneiro (E197)
A Síntese Histórica e a Escola dos Anais , Aaron Guriêvitch (E201)
Nazi-tatuagens: Inscrições ou Injúrias no Corpo Humano? , Célia M. A. Ramos (E221)
1789-1799: A Revolução Francesa , Carlos Guilherme Mota (E244)
História e Literatura , Francisco Iglésias (E269)
A Descoberta da Europa pelo Islã , Bernard Lewis (E274)
Tempos de Casa-Grande , Silvia Cortez Silva (E276)

O Mosteiro de Shaolin , Meir Shahar (E284)
Notas Republicanas , Alberto Venancio Filho (E288)
A Orquestra do Reich , Misha Aster (E310)
Eros na Grécia Antiga, Claude Calame (E312)
A Revolução Holandesa: Origens e Projeção Oceânica, Roberto Chacon de Albuquerque (E324)
Mistificações Literárias: "Os Protocolos dos Sábios de Sião", Anatol Rosenfeld (EL003)
O Pequeno Exército Paulista , Dalmo de Abreu Dallari (EL011)
Galut, Itzhack Baer (EL015)
Diário do Gueto, Janusz Korczak (EL044)
Xadrez na Idade Média, Luiz Jean Lauand (EL047)
O Mercantilismo, Pierre Deyon (K001)
Florença na Época dos Médici, Alberto Tenenti (K002)
O Anti-Semitismo Alemão, Pierre Sorlin (K003)
Os Mecanismos da Conquista Colonial, Ruggiero Romano (K004)
A Revolução Russa de 1917, Marc Ferro (K005)
A Partilha da África Negra, Henri Brunschwig (K006)
As Origens do Fascismo, Robert Paris (K007)
A Revolução Francesa, Alice Gérard (K008)
Heresias Medievais, Nachman Falbel (K009)
Armamentos Nucleares e Guerra Fria, Claude Delmas (K010)
A Descoberta da América, Marianne Mahn-Lot (K011)
As Revoluções do México, Américo Nunes (K012)
O Comércio Ultramarino Espanhol no Prata, Emanuel Soares da Veiga Garcia (K013)
Rosa Luxemburgo e a Espontaneidade Revolucionária, Daniel Guérin (K014)
Teatro e Sociedade: Shakespeare, Guy Boquet (K015)
O Trotskismo, Jean-Jacques Marie (K016)
A Revolução Espanhola 1931-1939, Pierre Broué (K017)
Weimar, Claude Klein (K018)
O Pingo de Azeite: A Instauração da Ditadura, Paula Beiguelman (K019)
As Invasões Normandas: Uma Catástrofe?, Albert D'Haenens (K020)
O Veneno da Serpente, Maria Luiza Tucci Carneiro (K021)
O Brasil Filosófico, Ricardo Timm de Souza (K022)
Schoá: Sepultos nas Nuvens, Gérard Rabinovitch (K023)
Dom Sebastião no Brasil, Marcio Honorio de Godoy (K025)
Espaço (Meta)Vernacular na Cidade Contemporânea, Marisa Barda (K026)
Os Druidas, Filippo Lourenço Olivieri (K027)
História dos Judeus em Portugal, Meyer Kayserling (PERS)
A Alemanha Nazista e os Judeus, Volume 1: Os Anos da Perseguição, 1933-1939, Saul Friedländer (PERS)
A Alemanha Nazista e os Judeus, Volume 2: Os Anos de Extermínio, 1939-1945, Saul Friedländer (PERS)
Associações Religiosas no Ciclo do Ouro, Fritz Teixeira de Salles (LSC)
Manasche: Sua Vida e Seu Tempo, Nachman Falbel (LSC)
Em Nome da Fé: Estudos In Memoriam de Elias Lipiner, Nachman Falbel, Avraham Milgram e Alberto Dines (orgs.) (LSC)
Inquisição: Prisioneiros do Brasil, Anita Waingort Novinsky (LSC)
Cidadão do Mundo: O Brasil diante do Holocausto e dos Judeus Refugiados do Nazifascismo, Maria Luiza Tucci Carneiro (LSC)

Este livro foi impresso em Cotia,
nas oficinas da Meta Brasil,
para a Editora Perspectiva.